CASE時代

Connected
Autonomous
Shared&Services
Electric

新たな モビリティの 道を探る

監修:鎌田 実
東京大学大学院新領域創成
科学研究科人間環境学専攻
(兼 高齢社会総合研究機構
兼 工学部機械工学科)教授

時評社
JIHYO BOOKS

目次

第1章 巻頭言

自動運転によって広がる、超高齢社会に対応したまちづくり
鎌田　実 ………………………………………………………… 5

第2章 霞が関の取り組み

新たなモビリティの道を探る
総務省 …………………………………………………………… 32

自動運転の実現に向けて、各種実証実験を推進
経済産業省 ……………………………………………………… 40

自動運転の実現に向けた国土交通省の取り組みについて
国土交通省 ……………………………………………………… 48

環境省若手職員による政策提言
「脱炭素イノベーションへの挑戦
～目の前のリスクをチャンスに変える、発想の転換で未来を築く～」
環境省 …………………………………………………………… 60

第3章 先進自治体の取り組み

愛知県における自動運転実現に向けた取り組みについて
愛知県知事　大村秀章 ………………………………………… 70

2030年、「広島を自動車の聖地に」するため、産学官の連携組織を設立
　　広島県知事　湯﨑英彦 ……………………………………………… 78

"イノベーションのまち"浜松が次世代自動車の発展を牽引
　　浜松市長　鈴木康友 ………………………………………………… 86

第4章　有識者の解説

「空飛ぶ車」——実現へ向けて、一歩を踏み出す時
　　衆議院議員　山際大志郎 …………………………………………… 96

日本が先導する、パーソナルモビリティの未来について
　　衆議院議員　大岡敏孝 ……………………………………………… 104

地方で自動運転が定着していくために
技術検証だけでなくビジネスモデルの明確化と社会受容性等の側面から四つの
モデル地域での実証実験を展開
　　国立研究開発法人 産業技術総合研究所　加藤　晋 ……………… 112

地域社会が変わりゆく中、魅力あるまちづくりに必要な要件とは
　　株式会社ワークハピネス　吉村慎吾 ……………………………… 124

第5章　関連企業の取り組み

交通を活性化し、地域住民の意識を高める交通まちづくりを提唱
　　株式会社オリエンタルコンサルタンツ …………………………… 132

目 次

好調なインドでのコンパクトカー生産を軸に、顧客にとって価値ある車づくりを目指す
スズキ株式会社 ………………………………………………… 138

「お客さまの笑顔のために」これからも追求すべき安全性
株式会社SUBARU ……………………………………………… 144

道路インフラを活用し、自動運転車の安全性と信頼性を高める技術を実用化
スリーエム ジャパン株式会社 ………………………………… 150

次世代自動車産業に対する政府・自治体への期待
デロイト トーマツ コンサルティング合同会社 …………… 156

CASE時代における自動車保険
東京海上日動火災保険株式会社 ……………………………… 162

100年に1度のクルマ新時代へ
トヨタ自動車株式会社 ………………………………………… 168

インテリジェント・モビリティでCASE時代を主導する
日産自動車株式会社 …………………………………………… 174

人間中心の車づくりを標榜し、内燃機関の極みを目指す
マツダ株式会社 ………………………………………………… 180

スローモビリティが地域課題を解決する
ヤマハ発動機株式会社 ………………………………………… 186

第1章 巻頭言

自動運転によって広がる、超高齢社会に対応したまちづくり

東京大学大学院新領域創成科学研究科人間環境学専攻
（兼　高齢社会総合研究機構　兼　工学部機械工学科）　教授
鎌田　実（かまた　みのる）

1959年3月22日生まれ、神奈川県川崎市出身。
東京大学工学部機械工学科卒業。同大学院工学系研究科舶用機械工学博士課程修了（工学博士）。
1987年財団法人日本海事協会技術研究所研究員、1990年東京大学工学部舶用機械工学科講師、1995年同工学部附属総合試験所助教授、1998年同大学院工学系研究科産業機械工学専攻助教授、2002年同大学院工学系研究科産業機械工学専攻教授、2009年同高齢社会総合研究機構機構長・教授、2013年4月より現職。
国交省交通政策審議会委員、同自動車局車両安全対策検討会座長、経産省・国交省自動走行ビジネス検討会座長、AMEDロボット介護機器開発プロジェクト プログラムオフィサー、厚労省老健局参与など。

第1章　自動運転によって広がる、超高齢社会に対応したまちづくり

現在、自動運転とそれに関する技術はレベル2

――近年は自動運転、自動走行という言葉がかなり普及したような感がありますが、ともすれば未来の車があたかもすぐに実現されるかのようにイメージされる向きもあるようです。こうした状況に対し、まずは自動運転に向けた技術的な現状からご解説いただけましたら。

鎌田　そうですね、一般の人には自動車が完全に自動化され、一切操作をしなくても目的地まで運んでくれる、そういうイメージで受け止められがちですが、そうした最終的なレベルに早期に到達するものではありません。実際のところ、車の自動化については各レベルや段階があり、日本では現在、米国 SAE（Society of Automotive Engineers）の自動化分類「SAE J3016」をもとに、自動運転のレベルを定義しています（表①）。

この定義に基づくと、今世の中で市販されている自動運転と言われているものは、レベル2の段階にとどまっており、自動運転というよりは高度運転者支援システムと捉えるべき状況です。これがレベル3になるとシス

自動走行ビジネス検討会について

- 経産省製造産業局長と国交省自動車局長の検討会として2015年2月に設置。
- 我が国自動車産業が、成長が見込まれる自動走行分野において世界をリードし、交通事故等の社会課題の解決に貢献するため、必要な取組を産学官オールジャパンで検討。
- 2015、2016年度に、①一般車両の自動走行（レベル2、3、4）等の将来像の明確化、②協調領域の特定、③国際的なルール（基準、標準）づくりに戦略的に対応する体制の整備、④産学連携の促進に向けた議論を行い、「自動走行の実現に向けた取組方針」（2017年3月）を提示。
- 2017年度は、「自動走行の実現に向けた取組方針」で定めた工程表に基づく取組の推進及びその進捗管理を行うとともに、これまでの研究開発の成果を活用した安全性の評価方法の在り方等について検討を開始。

自動走行レベルの定義（TP-18004（2018年2月1日発行））

レベル	概要	安全運転に係る監視、対応主体
運転者が全てあるいは一部の運転タスクを実施		
レベル0 運転自動化なし	・運転者が全ての運転タスクを実施	運転者
レベル1 支援	・システムが前後・左右のいずれかの車両制御に係る運転タスクのサブタスクを実施	運転者
レベル2 部分運転自動化	・システムが前後・左右の両方の車両制御に係る運転タスクのサブタスクを実施	運転者
自動運転システムが全ての運転タスクを実施		
レベル3 条件付運転自動化	・システムが全ての運転タスクを実施（限定領域内※） ・作動継続が困難な場合の運転者は、システムの介入要求等に対して、適切に応答することが期待される	システム （作動継続が困難な場合は運転者）
レベル4 高度運転自動化	・システムが全ての運転タスクを実施（限定領域内※） ・作動継続が困難な場合、利用者が応答することは期待されない	システム
レベル5 完全運転自動化	・システムが全ての運転タスクを実施（限定領域内※ではない） ・作動継続が困難な場合、利用者※2が応答することは期待されない	システム

※　ここでの「領域」は、必ずしも地理的な領域に限らず、環境、交通状況、速度、時間的な条件などを含む。
※2　SAE International J3016（2016）における"User"の意で、運転者を含む。

表①　　　　　　　　　　　　　　　　　　　　出典：経済産業省・国土交通省　自動走行ビジネス検討会

テムの責任において車が動くというものになりますので、レベル2と3の間に大きな境目があると言えるでしょう。さらにレベル4にアップすると限定エリアで完全自動になりますし、レベル5では自動的に無人でも動くというものになっていきます。

　現在、自動運転に向けて各地でさまざまな実証実験が行われていますが、おおむね自動車メーカーは主に高速道路でレベル2から性能を上げて3、あるいは部分的に4を目指し、一般道でもレベル2に向けた取り組みを行っています。特にオーナーカーと呼ばれる自家用車については、値段が極端に高いと売れないので、徐々にレベルを上げていくという方向になっていくと思われます。

　他方、一般にMaaS（Mobility-as-a-Service）と呼ばれるモビリティサービスの実現を図る事業者、特にDeNAやソフトバンクのようなIT企業はいきなりレベル4を目指しており、オーナーカーとはアプローチを異にしています。とはいえ、どこでもレベル4で走るにはまだまだ技術的に困難ですので、まずは地域や路線を決めて車を比較的低速で走らせるものからの展開となると思われ、2020年までに一部で社会実装が期待されます。

——**お話を聞くと、自動運転実現への過程は未だ道半ばのようですが、推進に向けては今後どのような要件が必要となるのでしょう。**

鎌田　もちろん技術の進展が大前提ではありますが、そもそも車を公道で走らせるという行為は、国土交通省による認証を得てナンバーを取得しなければなりませんから、まずは自動運転の車が認証される必要があります。ならば認証するための手続きはどうあるべきか、ということも決めていかなければなりません。現在、自動車の安全基準は国際基準になっていて、日本単独で決めるのではなく、国連のWP29（自動車基準調和世界フォーラム）の場で、議論しながら決める形になっており、自動運転の安全基準に関して、WP29の結論が出るまで少し時間がかかりそうです。また多くの人が気にする点ですが、自動運転で現実に事故が起きたときに、誰の責任になるのか法的な枠組みもしっかり決めていかねばなりません。さらに、自動運転を行う以上、ビジネスとしてきちんと成り立たねば普及は

見込めませんから、これらの点を今後どう進めていくのかが重要なポイントになると思います。

——そもそも、なぜ車の自動運転が求められるのでしょう。

鎌田 最も多く指摘されるのが交通事故削減です。交通事故発生原因の9割以上がドライバーによるヒューマンエラーと言われていますので、自動化することにより、これら人的要因による事故が大きく減少すると期待されています。もちろん、いかに自動運転とはいえ、見えないところからいきなり飛び出してきた対象に対しては回避するのは容易ではないですから、事故を完全にゼロにすることは困難です。しかし大幅に減らすことはできる、それが自動運転を目指す第1の目的です。

第2の目的、これはドライバー不足の解消です。バスやタクシー、さらに運送用トラックのドライバー不足が叫ばれる中、現状のサービスを維持しようとすると必然として自動運転に寄せる期待が大きくなります。

そして第3の目的が、自動運転実現に伴う新しい付加価値です。車が自動で動けば、人が運転する必要がなくなるので、その移動時間を利用して仕事をするなど他のことができれば生産性向上につながります。また車を所有しないシェアリングエコノミーが浸透していくと言われていますが、先述のMaaSの一環で、無人タクシーをスマートフォンで呼んで手軽に移動できるといったサービスも想定されています。

この点、米国などでは第3の目的である新しいモビリティサービスに重点を置いているのに対し、日本やドイツは自動車メーカーが交通安全のために着実にレベルを上げていく方向で開発を進めるなど、各国によって自動運転へのアプローチが異なります。

——特に日本では、労働人口の減少もありドライバー不足が深刻とか。

鎌田 はい、諸外国に比べて日本ではことに切実な問題です。しかしドライバーレスで公共交通や流通サービスが実行できるかというと、やはりハードルが高い。この点、今のところ警察庁のガイドラインとしては遠隔操作・監視という方針を示しています。すなわち、車両の中にドライバーがいなくても、遠隔で操縦したり監視することができれば、これを自動運転

として認めるという内容です。ただこれも国際的に、「車両の運転は人が行う」とジュネーブ条約などで定義付けているので、そこが改められない限り日本の道路交通法においても遠隔操作者が運転者という位置付けのままになります。遠隔の場合、操作者が運転の責任を負わず、監視として何か問題が生じたときの対応をするだけになれば、一人で何台もの車両の操作・監視ができることになりドライバー不足解消につながるのですが、現状では、遠隔側一人で何台の車を見られるかの検討が始まったばかりであり、そこが進まないと課題解決になりません。

とはいえ、このような多様な方策でのトライアルが進んでいく中で、何らかの糸口がつかめるかもしれません。例えば茨城県日立市でBRT（バス高速利用システム）として実施しているように、道路の一部を専用空間化すれば他の交通参加者がそこには入ってこないので、もう少し緩和した形が取れる可能性があると言われていますし、また専用空間化には至らなくても限定的に自動運転車両を優先させるような枠組みが整備できれば、一人の操作者で複数の車両を遠隔監視する道が開かれ、ドライバー不足問題を解消するきっかけになると思われます。

「協調するべき10分野」における「安全性評価」

――先生は政府の「自動走行ビジネス検討会」に座長として関わっておられますが、同検討会は2018年3月30日に、「自動走行の実現に向けた取組方針」Version 2.0を取りまとめました。その方針として自動走行における競争・協調の"戦略的切り分け"が記載され、協調するべき10分野が示されました。その内容はどのようなものでしょう。

鎌田 もともとこの「自動走行ビジネス検討会」は経済産業省で自動車産業の将来を検討する会議体があり、その中で「自動運転・自動走行は重要である」ため別途ビジネス検討会を開くこととなり、そこに国土交通省自動車局も加わって2015年からスタートしました。その後議論を重ね節目ごとに報告書をまとめ、今回のVersion 2.0がその最新版になります。この議論の要諦は、自動運転により、事故を減らして安全が高まり、ドライバ

第1章　自動運転によって広がる、超高齢社会に対応したまちづくり

ー不足を解消し、新しいサービスが創出されるであろう、また日本の自動車産業はこの分野でも世界をリードしていくようになるべきである、従って官民一緒になって自動運転を積極的に進めていこう、というものです。

　その際、各メーカーが競争し、切磋琢磨する部分もありますが、こと自動運転に関しては従来にない新しい分野であり、各メーカーが個別ばらばらに進めていては国際的な競争を勝ち抜けないだろうということから、ある意味オールジャパンで取り組む部分と、各社が個別に頑張って競争していく部分の両面があるだろう、従って競争と協調を切り分けるべきであるとしています。

　この競争と協調の切り分けは内閣府のSIP（戦略的イノベーション創造プログラム）でも打ち出されておりますが、ビジネス検討会ではこれから国際競争を勝ち抜くために、協調領域にさらに"戦略的"の名を冠しました。すなわち自動運転に関して国連での議論をリードできるように、日本が欧米に比べてもっと技術水準を上げ、ビジネスとしてますます世界に貢

競争・協調領域の戦略的切り分け（取り組み方針）

- 自動走行（レベル2～5）の実現に向け、必要な技術等を抽出。
- その上で、今後わが国が競争力を獲得していくにあたり、企業が単独で開発・実施するには、リソース的、技術的に厳しい分野を考慮し、「安全性評価」を加えた10分野を重要な協調領域に特定。
- 協調すべき具体的取り組みは、「技術開発の効率化」と「社会価値の明確化・受容性の醸成」の分類から抽出。

重要10分野

協調分野	実現したい姿・取組方針
Ⅰ.地図	自車位置推定、認識性能を高めるため、高精度地図の市場化時期に即した迅速な整備を目指す。**一般道路特定地域の実証を通して方針を決定する方向性を2017年度に提示。2019年度中に特定地域での仕様検討・評価を終え、2021年までに整備地域の拡大方針を決定**。加えて、国際展開、自動図化等によるコスト低減を引き続き推進していく。
Ⅱ.通信インフラ	高度な自動走行を早期に実現するために、自律した車両の技術だけでなく、通信インフラ技術と連携して安全性向上を目指す。**2017年度にユースケースを選定、適応インフラ、実証場所の決定、関連団体と連携し2018年度に仕様・設計要件を設定し、遅くとも2019年中に特定地域において必要となるインフラ整備を行うことが必要。**
Ⅲ.認識技術 Ⅳ.判断技術	海外動向に鑑み、最低限満たすべき性能基準とその試験方法を順次確立する。また、開発効率を向上させるため、データベース整備、試験設備や評価環境の戦略的協調を目指す。センシング、ドライブレコーダー、運転行動や交通事故データの活用を推進していく。
Ⅴ.人間工学	開発効率を向上させるため、開発・評価基盤の共通化を目指す。**運転者の生理・行動特性、運転者モニタリングシステムの基本構想を2017年度に確立。2017-18年度の大規模実証実験の検証を踏まえて、グローバル展開を視野に各種要件等の国際標準化を推進していく。**
Ⅵ.セーフティ	安全確保のための開発効率を向上させるため、開発・評価方法の共通化を目指す。ユースケース・シナリオ策定を実施しセンサー目標性能の導出、設計要件の抽出を2017年度に完了し、2018年度国際標準化提案。車両システムの故障時、性能限界時、ミスユース時の評価方法を確立していく。
Ⅶ.サイバーセキュリティ	安全確保のための開発効率を向上させるため、開発・評価方法の共通化を目指す。**最低限満たすべき水準を設定し国際標準提案、業界ガイドラインの策定を2017年度に実施。2019年度までに評価環境（テストベッド）の実用化するとともに、今後、情報共有体制の強化やサイバーセキュリティフレームワークの検討を進める。**
Ⅷ.ソフトウェア人材	開発の核となるサイバーセキュリティを含むソフトウェア人材の不足解消に向け、発掘・確保・育成の推進を目指す。ソフトウェアのスキル分類・整理や発掘・確保・育成に係る調査を実施。2018年度はスキル標準策定等を進める。サイバーセキュリティについて2017年度に講座を実施。今後は人材の必要性や職の魅力を業界協調して発信する取組を検討する。
Ⅸ.社会受容性	自動走行の効用とリスクを示した上で、国民のニーズに即したシステム開発を進め、社会実装に必要な環境の整備を目指す。その実現に向け、**自動走行の効用を提示、普及の前提となる責任体制を整理し、状況を継続的に発信する。**
Ⅹ.安全性評価	これまで自動走行ビジネス検討会等を通して開発した技術を活用した安全性評価技術の構築を目指す。我が国の交通環境がわかるシナリオを協調して作成するとともに、国際的な議論に活用していく。また、今後発生する事故に関するデータについて、取り扱いを協議し、安全性評価へ活用していく。

表②　　　　　　　　　　　出典：経済産業省・国土交通省　自動走行ビジネス検討会

献できるような形にしていきたいということで、10分野にわたる戦略的協調領域を整理したという次第です（表②）。これまでは9分野だったのですが、2017年度の議論より「安全性評価」の分野が追加になり、計10分野となりました。それぞれ、関係団体や研究機関と一緒になって進めていくことが必要、との趣旨で掲示されています。各分野に関しては、工程表という形で進行が示されており、どういう組織体がどのような検討をして今後につなげていくのか、今後のプロセスがある程度整理されています。

――10分野のうち、先生が特にポイントと思われる分野などはいかがでしょうか。

鎌田 それぞれ重要ではあるのですが、やはり新たに追加された「安全性評価」は特に重要だと思われます。というのも、前述のように日本では車を販売するためには国の認証を受ける必要があり、認証するためには何らかの基準があってその基準を満たしているかどうか、何らかの試験を受けるなどして確認しなければなりません。ではその試験法はどうあるべきか。どこまで要件を満たせばOKとするのか、等々に関してはまだ全く確立されていない状況です。その点は今般、国連のWP29でも議論が始まったところで、今後はその議論を日本がリードして進めていくべきです。そのためには日本の交通事情を加味した形で、どういう場面を想定し技術的にどう整理して対応していくのか、どこまで満たせばお墨付きが与えられるのか等々の点を早急に検討して、データをもとに国連の場で議論を主導し、優位性を勝ち取っていかねばなりません。ただ、私が想定していたよりも早いピッチで国連の議論が進みそうになってきたため、2018～19年度くらいには安全性評価に関する検討を精力的に行う必要が出てきました。

――この自動運転の件に関わらず、国際基準、国際標準の議論に対しては、これまで日本は後れを取りがちで、優位性を確保できないケースが多かったと思われます。であればこの件はぜひ、議論を主導する形で進めることが期待されますね。

鎌田 基準は国土交通省、標準は経済産業省と所管がそれぞれ分かれてお

り、また国際的にも自動車の基準は国連WP29、標準はISO（国際標準化機構）がそれぞれ取り扱っています。そうすると進めるにあたり基準が先か標準が先か、どのように進めていくべきか、十分議論すべきです。今回については基準、標準それぞれの関係者が集まってある程度議論し、整理をつけてきたところです。国土交通省が、自動運転基準化研究所をつくり、そこで基準をどうするのか関係団体の人たちと共に検討を進めています。

「自動運転システムが引き起こす人身事故がゼロとなる社会の実現を目指す」

――安全性の追求と確保というのは、自動運転に対する国民の安心感を充たす上で欠かせない条件ですね。自動運転を社会が受容するためには、機械だけの走行に対する不安感払拭が大きな要素になるかと。

鎌田　ご指摘の通りです。ではどこまでの安全性を求めるべきかが問われるところです。この点は、私が座長を務めた車両安全対策検討会のワーキンググループで議論を重ねてきた結果、2018年6月に「自動運転車の安全技術ガイドライン案」（表③）をまとめました。

――どのような点が論点となったのでしょう。

鎌田　議論においては、最初に安全目標を掲げようということになりました。その結果、同ガイドラインの安全目標として「自動運転システムが引き起こす人身事故がゼロとなる社会の実現を目指す」と示しています。つまり、相手側に責任がある事故まで全部の回避は難しいにしても、自動運転であるこちら側に非があるような事故の発生は無くしていこう、ということを目標として掲げました。

　同時に、その目標実現のために対応すべき要件を10項目掲げています。すべての領域でこの目標を達成するのは、今の技術ではまだできない部分も当然ありますので、まずODD（運行設計領域）の範囲内ではそうした機能が達成できるよう目指しています。従って最初のうちは限定的な領域での実現にとどまると思われますが、徐々にこれを拡大していって、

自動運転車の安全技術ガイドライン案【概要】

国土交通省

- ○ レベル3、4の自動運転車が満たすべき安全要件をガイドラインとして定めることにより、国際基準が策定されるまでの間も、安全な自動運転車の開発・実用化を促進
- ○ 世界で初めて、自動運転の実現にあたっての安全目標を設定し、自動運転車の開発・実用化の意義を明確化
   安全目標：自動運転システムが引き起こす人身事故がゼロとなる社会の実現を目指す
- ○ これまでも日本が議論を主導してきた国連における国際基準づくりにおいて、ガイドラインに示した我が国の自動運転車の安全性に関する考え方や安全要件を反映させ、我が国の優れた自動車安全技術を世界に展開する

経緯
平成29年12月　車両安全対策検討会の下に、「自動運転車安全対策検討ワーキンググループ」(WG)を設置し、議論開始
平成30年4月　「自動運転に係る制度整備大綱」(IT総合戦略本部決定)において、平成30年夏頃に本ガイドラインをとりまとめる旨記載
平成30年6月　ガイドラインのWG案をとりまとめ

ガイドラインの対象車両

レベル3又はレベル4の自動運転システムを有する乗用車、トラック及びバス

※本ガイドラインは、今後の技術開発や国際基準の策定動向等を踏まえ、適宜見直しを行う

自動運転車の安全性に関する基本的な考え方

> 「自動運転システムが引き起こす人身事故がゼロとなる社会の実現を目指す」ことを目標として設定する
> 自動運転車が満たすべき車両安全の定義を、「自動運転車の運行設計領域(ODD)において、自動運転システムが引き起こす人身事故であって合理的に予見される防止可能な事故が生じないこと」と定め、自動運転車が満たすべき車両安全要件を設定し、安全性を確保する

自動運転車の安全性に関する要件(10項目)

自動運転車は、次の安全性に関する要件を満たすことにより、その安全性を確保しなければならない

① 運行設計領域(ODD)の設定　　② 自動運転システムの安全性
③ 保安基準等の遵守等
④ ヒューマン・マシン・インターフェース(ドライバー状態の監視機能等の搭載)
⑤ データ記録装置の搭載　　⑥ サイバーセキュリティ
⑦ 無人自動運転移動サービス用車両の安全性(追加要件)
⑧ 安全性評価　　⑨ 使用過程における安全確保
⑩ 自動運転車の使用者への情報提供

自動運転車の安全性に関する要件(10項目)

自動運転車は、以下の安全性に関する要件を満たすことにより、その安全性を確保しなければならない

車両の安全性に関する項目	主な要件
① 運行設計領域(ODD)の設定	個々の自動運転車が有する性能及び使用の態様に応じ、運行設計領域(自動運転システムが正常に作動する前提となる設計上の走行環境に係る特有の条件：ODD)を定め、走行環境や運用方法を制限すること
② 自動運転システムの安全性	・制御系やセンサ系の冗長性を確保すること等によりシステムの安全性を確保すること ・設定されたODDの範囲外となる場合等、自動運転の継続が困難となった場合には、最終的に車両を自動で安全に停止させること
③ 保安基準の遵守等	自動運転に関連する既に定められた道路運送車両の保安基準を満たすこと
④ ヒューマン・マシン・インターフェース(HMI)	自動運転システムの作動状況等を運転者又は乗員に知らせるための以下の機能を有するHMIを備えること ・レベル3の自動運転車には、運転者がシステムからの運転操作を引き継ぐことができる状態にあることを監視し、必要に応じ警報を発することができる機能(ドライバーモニタリングシステム等) ・レベル4の自動運転車には、自動運転の継続が困難であるとシステムが判断し、車両を自動で停止させることをあらかじめ運転者又は乗員(運行管理者)に知らせることができる機能
⑤ データ記録装置の搭載	自動運転システムの作動状況や運転者の状況等をデータとして記録する装置を備えること
⑥ サイバーセキュリティ	サイバーセキュリティに関する国連(WP29)等の最新の要件を踏まえ、ハッキング対策等のサイバーセキュリティを考慮した車両の設計・開発を行うこと
⑦ 無人移動サービス用車両の安全性(追加要件)	無人移動サービス(レベル4)に用いられる自動運転車については、①～⑥の要件に加え、運行管理センターから車室内の状況が監視できるカメラ等や、非常停止時に運行管理センターに自動通報する機能等を備えること
⑧ 安全性評価	設定されたODDにおいて合理的に予見される危険事象に関し、シミュレーション、テストコース又は路上試験を適切に組み合わせた検証を行い、安全性について事前に確認すること
⑨ 使用過程における安全確保	使用過程の自動運転車の安全確保の観点から、自動運転車の保守管理(点検整備)及びサイバーセキュリティの安全を確保するためのソフトウェアのアップデート等の必要な措置を講じること
⑩ 自動運転車の使用者への情報提供	自動運転車の使用者に対し、システムの使用方法、ODDの範囲、機能限界等を周知し理解することができる措置を講じること

表③

出典：国土交通省

第1章　自動運転によって広がる、超高齢社会に対応したまちづくり

10～20年経てば、すべての領域でその機能が使われ目標が達成できるのではないかと展望しています。冒頭のSAEに基づく自動運転のレベルに当てはめると、レベル2までは人間の責任ですので、検討会での議論はレベル3、4を想定したガイドラインという位置付けになっています。

──諸外国の技術や安全性への観点などを取り入れることなどは。

鎌田　前述のように米国では新しいモビリティサービスの創出に重点を置いているので、自動運転車に高額なセンサーを搭載するなど1台数千万円してもいいから、車を無人で動かすことによって人件費を浮かし、ビジネスとして成立させるという方向で進んでいます。また米国は車の認証が基本的にメーカーによる自己認証ですので、その点も日本や欧州とは事情が異なります。

　それに対し欧州、特に自動車の生産台数が多いドイツと日本は比較的状況が似ており、先ほどの安全性評価についてもドイツでは"ペガサス"というプロジェクトが進んでいます。これは「自動走行システムにはどの程度の性能が期待されるのか、要求水準をどのように確認するのか」を明らかにするために、OEM、サプライヤー、企業、研究機関が共同で実施する自動走行関連プロジェクトで、まだ高速道路中心での検討なのですが、安全性評価づくりについてはドイツの方が日本より先行しています。それに対し日本でも現在、"ペガサス対応"とも言うべき、ドイツに追い付き追い越せという形でいろいろな取り組みが始まっています。また、この点に関して日独でもっと連携していこうという動きも図られつつあります。日独がある程度力を合わせ、世界のスタンダードに類した評価を定めることができれば、事実上の標準のようなものになっていくだろうという期待はありますね。

　もう一つの動きとして注目されるのが、中国です。ここでは、自動運転をインフラ協調で実現しようと、新しく一つのまちを作ってしまおうというところまでトライアルが進んでいると聞いています。

──自動運転が可能な環境から構築していくという、確かに他の国には見られないアプローチですね。

鎌田　米国の場合は車に種々いろいろなものを搭載して、コストがかかっても車が自律的に自動運転するのを目指していますが、中国は周辺インフラの方に予算を投じるというアプローチです。それから、日本やドイツの自動車メーカーは、1台数千万円という自動運転車ですと事業用ならともかく個人用には売れないと想定されることから、なるべくシンプルなセンサー構成でリーズナブルな価格を設定し、かつ交通安全に資するような自動運転車の提供を目指すという流れになっています。

可能ならば、離島の車をすべて自動で走らせるという実証を

――先生は以前、メディアで「自動運転をどうやって実現するか、ではなく自動運転によって社会がどうなるか、をもっと実証実験してみたい」旨のご発言をされています。

鎌田　現在の実証実験に多く見られる傾向は、本当に自動で車が動かせるのか、どのような条件に対しどこまで適応可能なのかといった、どちらかというと技術に主眼が置かれた検証が多数を占めています。その目途がある程度ついて、実際に自動で走らせてみることができたとき、次は、そのメリットをどのように社会に生かしていくことができるか、具体的な社会課題の解決や利便性向上を図ることの検証になっていくと思います。ドライバー不足の対応もしかり、移動における運転の負担減や快適性なども重視されるでしょう。徐々に社会受容性の高まりと、それに伴うビジネスの成立などに実証の目的が移行していくと思われます。ただ、手順を踏んで少しずつ進めていくと、やはり時間がかかります。20～30年後には車が自動で動く社会が当たり前になるかもしれない、というのであれば、そのような社会が到来した時人々の生活がどう変わるのか、という観点を持つことが重要だろうと考えています。

――それに関連して、現在各地でさまざまな実証実験が展開されていますが、こうした実証のアイデアにつきまして、先生のお考えをお聞かせ願えましたら。

鎌田　例えば、エリアが限定された離島のようなところで、そこで走る車

第1章　自動運転によって広がる、超高齢社会に対応したまちづくり

をすべて自動で走らせることができれば、今申し上げた自動化後の社会の姿も含めて検証できるでしょうし、またそうした形式のトライアルは、海外でもまだ実践されていません。だからこそ、日本でこうした思い切った実証を行えば、世界に対し優位性を確保する契機になると思います。完全自動運転は、確かにハードルが高いものの、離島のような狭い範囲内ではそれほどスピードを出す必要がありませんから、すべての交通を最高速度20キロ程度までに上限設定し、その代わりスマホで車を呼べば、それこそ高齢者を含め誰でも便利に使えるようなシステムなどは、そんなにハードルも高くなく実証できるはずです。

　今は運転免許を持った人が運転する車社会であり、二種免許を持った人が事業用車両でサービスする社会ですが、遠い将来においてモビリティが全部自動になったあかつきには、スマホと料金を持っていれば誰でも自動運転車の送迎サービスを受けられる、そういう社会になると人々の社会生活、日常生活はどう変化するのか、という検証も同時に必要になるでしょう。一昔前、あらゆるものがインターネットにつながれば、テレワークやオンラインショッピングが可能となるから人々が外出して移動する必要がなくなるのでは、といった論調がありましたが、やはり人間の生活の中で、移動することは普遍的な基本行動の一つとなっているので、そこに技術革新がどう関与するのか深く検証することで、将来像を占う重要な示唆が得られるものと思われます。

——先生がご提言された実証の舞台となる離島などでは、特に超高齢化の進展により住民の生活の足を確保する公共交通の自動運転化などが望まれていますね。

鎌田　もともと免許所持率が低い高齢女性の移動手段を確保できないと、自宅に閉じこもりがちになり、外部接触の機会が少なります。そうすると身体機能や認知機能の衰えが進むなどさまざまな問題につながりかねません。従って高齢者に対し暮らしの移動手段の確保はかなり大きな課題だと言えるでしょう。

　ただ一方で、社会的には人口減少が進み、また戦後以来マイカーの普及

の相反で公共交通の利用率が減少してきたという歴史的経緯もある中で、こうしてユーザーの数が減っている状況で公共サービスを実現するのは、コストもかかりますし正直言ってなかなか大変です。ひと一人運ぶのに税金からいくらお金をかけるのが適切なのか、といった議論も本当はもっともっと突き詰めるべきなのです。他方、バス会社、タクシー会社とも深刻なドライバー不足に直面しており、自治体が補助金を出すので運行を要請しても、そもそもドライバーがいないから無理、という状況が増えてきています。さらに今般、高齢ドライバーによる自動車事故の問題が顕在化していることから、いずれかの段階で免許を自主返納していただくにしても、その後の当人の移動手段をどうするかという問題が残ります。

　そこで公共交通による代替を多くの方が指摘するのですが、今申しましたように公共交通自体が縮小傾向にあるわけです。従って残る手段として自動運転に寄せる期待が高まるのはある意味、必然と言えるでしょう。ただ、期待に応えられるほどの状況がリーズナブルなコストで提供できるかというと、まだまだその実現へのハードルが高いというのが正直なところです。

――であるならば、高齢者一人につき1台の自動運転車両ではなく、ライドシェア（相乗り）ですとか、地域を回遊する自動運転車のようなものが考えられるでしょうか。

鎌田　現在でもコミュニティバスやデマンドバスなどの公共交通サービスがありますが、それによってどこまで住民のモビリティが確保できているのか、地域によって状況が異なると思われます。今のサービスを継続することによってある程度利便性がカバーできる、一つのバス停から同心円を描いた時空白地域がほとんど無い、という状況であればある程度充足していると言えるかもしれませんが、中山間地域などでは、バス停から自宅までかなり距離があったり坂道だったりして、買い物に出かけるときはいいけれど帰ってくるときは負担が大きく、それがもとで外出しないという場合もあります。かといって自宅の玄関までドアtoドアを実現しようとすると、乗客全員の家の玄関まですべて回るわけですから周回にすごく時間

がかかり、実現性に乏しいと言わざるを得ません。従って、自動運転のバスで地域を回る部分と、バス停から先の各戸までをつなぐのは別の手段、例えば自動運転の電動車のようなもので家の玄関まで連れていってくれる、電動車椅子はその後各戸から、自動で地域の集会所や公民館に戻ってくる、といった二重構造を取る方法などが考えられるかもしれません。

コミュニティバスの自動運転化というプラン

――社会課題を背景に自動運転の普及を図るとなると、国・地方自治体と民間事業者の官民連携が不可欠かと思われます。この点はどのようなものでしょうか。

鎌田 霞が関の各省庁でもさまざまな実証実験を行っており、またそれを束ねる内閣官房日本経済再生事務局の中に自動運転に向けた官民協議会もできて相互情報共有する形は進んできました（表④）。また各省庁の実証実験においても、国の出先機関、自治体、関係団体、民間事業者が連携した形で検討が進められています。例えば国土交通省の道路局では、道の駅を中心とした自動運転サービスということで、2017年に計13カ所で実証実験を行いました。私も、熊本と秋田の道の駅2カ所を視察してきたのですが、どちらも地元地域から寄せられる期待の高さをひしひしと感じました。た

自動走行に係る官民協議会 構成員

（有識者）
- 朝倉 康夫　東京工業大学 環境・社会理工学院 教授
- 加藤 晋　国立研究開発法人産業技術総合研究所 研究グループ長
- 鎌田 実　東京大学 大学院新領域創成科学研究科 教授
- 葛巻 清吾　戦略的イノベーション創造プログラム（SIP） 自動走行システム プログラムディレクター
- 長島 聡　株式会社ローランド・ベルガー 代表取締役社長

（民間事業者）
- 青木 啓二　先進モビリティ株式会社 代表取締役社長
- 稲波 純一　ヤマハ発動機株式会社 技術本部 研究開発統括部長
- 柿原 安博　豊田通商株式会社 執行役員
- 佐治 友basSBドライブ株式会社 代表取締役社長
- 佐藤 直人　アイサンテクノロジー株式会社 取締役 MMS事業本部長
- 中島 宏　株式会社ディー・エヌ・エー 執行役員オートモーティブ事業部長
- 阿波 誠一　ヤマト運輸株式会社 常務執行役員
- 横山 利夫　日本自動車工業会 自動運転検討会 主査

（政府）
- 内閣官房内閣審議官（日本経済再生総合事務局次長）
- 内閣官房情報通信技術（IT）総合戦略室審議官
- 内閣府大臣官房審議官（科学技術・イノベーション担当）
- 内閣府地方創生推進事務局審議官
- 警察庁交通局長
- 総務省総合通信基盤局長
- 経済産業省製造産業局長
- 国土交通省道路局長
- 国土交通省自動車局長

※ 議論に応じ、必要な者を追加

（更新履歴）
平成29年9月28日（木）　更新

表④　　　出典：内閣官房　自動走行に係る官民協議会

だ、もともと何もサービスの無いところに自動運転サービスを導入しようとすると、やはり相応のコストを要するので、地方自治体がどれだけの財源を用意できるのか考えると、具体化までのプロセスはなかなか容易ではないこともまた実感したところです。

　ただし、既存のコミュニティバスを自動運転に転換するという形であれば、比較的実現性が高いと思われます。というのもすでにコミュニティバス運行のために自治体は一定の予算を確保しているわけですから、その予算の範囲内で稼働できるような自動運転を目指せれば、地域で機能する可能性は十分あると。このプランにおいても、イニシャルコストまですべて自治体で受け持つとなるとなかなか厳しいものがあるので、初期費用は国なり都道府県がある程度のサポートをし、運営に係るランニングコストに関しては当該の自治体、という構造を取れば、また一歩実現に近づくような気がします。

——今の先生のご指摘、確かに現状では実現性が最も高いように思われます。

鎌田　バスのように路線が決まっているモビリティであれば、自動運転実現のためのルートマップもバス路線の分だけ用意すればいいし、道の駅の実証では道路に磁気ネイルを埋めて、バスがそれに沿って走るということも実験されています。またヤマハ発動機が実施している小型電動カートのように、誘導線を敷いてその上をカートが走るという実証もあります。誘導線敷設の初期費用はかかるものの、一度敷いてしまえばその後は比較的低コストで実現できるものと思われます。

　小型電動カートを、初めてナンバープレートを取得して公道で走らせるという試みは、石川県の輪島商工会議所とヤマハ発動機が取り組みました。このプランには私も協力して2014年にナンバーを取得して公道走行を実現できました。続いて2016年にはレベル2ですが、公道上に誘導線を敷いて自動運転のカートを走らせることに成功しています（次ページ表⑤）。

　輪島市においては、輪島商工会議所が自動運転に対し非常に熱心で、今コミュニティバスは全部で4路線あるのですが運行は1日7本ほどで利便

第1章　自動運転によって広がる、超高齢社会に対応したまちづくり

実証プロジェクト

小型カート選定地域：石川県輪島市（輪島商工会議所）

複数のルートを利用した、住民の移動手段、観光地の巡回

1. 地域概況

概況：
生活施設と観光施設が並び、市人口1/3が集中

人口：エリア内：9,143人
市全体：28,426人
高齢化率：43.1％
観光客数：1,320,500人（H28）
（宿泊数188,700人：H28）

- ■ **市街地モデル**：高齢化市街の活性化
  - ◆ 生活施設、観光施設の巡回
  - ◆ 交通弱者への安心な交通手段の確保
  - ◆ 観光客の需要促進（沿道施設の利用）
- ■ **利用者**
  - ◆ 生活施設利用の住民、観光施設利用の観光客
- ■ **走行経路**
  - ◆ 市内の生活施設、観光地を巡回するコース（複数：1～4km程度）
- ■ **実証課題**
  - ◆ 公道での他車等との共存空間における自動運転
  - ◆ 信号、交差点、駐車車両への対応
  - ◆ 遠隔無人運行・回送（一般公道上）
  - ◆ 広報、警備などの付加価値と事業性
  - ◆ 需要変動対応（増車、連結）

2. 走行ルート

- ✓ 観光地、生活施設を巡回するコースを設定。
- ✓ 将来的には8コース（中央図）、実証は3コース（右図）を想定。
- ✓ 一部、電磁誘導線による自動運転を2016年11月から開始。
- ✓ 現在、マニュアル運転の電動カートを運用中。

実証概要

- ■ **目的・検証事項**
- ● 車両内無人システムを含めた技術実証
- ■ **実施期間：2018年12月17，18日**
- このうち、2017年12月18日に出発式を実施するとともに、遠隔監視・操作技術と自動走行技術を組み合わせた遠隔型自動走行となる端末交通システムの社会実装に向けた実証実験で、一般公道における国内初の車両内無人による遠隔型自動運転の実証を開始。
- ■ 実施実験の走行ルートと拠点（約1kmの周回路：電磁誘導線敷設）

- ■ **結果**
- ① 遠隔運転者席における運転操作が必要となった場面
- ● 想定外の遠隔運転者による運転操作の事例は無し
- ● 駐車車両に対する回避は積雪のため、保安員対応（1km×15）
- ● 停留所や交差点等の一時停止から発進等は遠隔運転者が操作
- ② 何らかの不具合が生じた場面
- ● 雨、積雪があり、センサーなどに一部誤検出等
- ● 積雪路面でのタイヤの横滑りによる操舵制御への影響
- ● 低温環境等のため電源部に影響（通信等）⇒ロバスト対策
- ③ 基準緩和後の追加措置、今後の改善
- ● 保安要員が車両内に同乗せず周辺から無線装置を用いて車両を停止させるなど、車両内無人での自動走行における安全性向上
- ● 遠隔操作者の操作負担軽減のため自動走行機能等を強化
- ● 譲合いに対応できるように走行の意思表示の方法（ライトや電光掲示等）を検討・実証
- ● センサ検知距離や通過速度、判断等の安全性を高めた制御へ

車両内完全無人の自動走行デモ

遠隔監視・操作の様子

表⑤

出典：経済産業省・国土交通省　自動走行ビジネス検討会

鎌田　実

性が良くない、そこでそのエリアに小型電動カートのコースを8、9コース設定し、より小回りの利く形で10〜15分に1本走らせれば、住民の方が気楽に利用できるし、輪島市を訪れた観光客も使えるような形になると期待されています。このサービスについて商工会議所会頭は無料で提供することを目指していますが、そのためには維持するための財源が必要となるので、仮にコミュニティバスをすべてカートに転換するのであれば、これまでコミュニティバスに市が支出していた予算をカートに充当することで運営が可能になるだろうと想定されています。会頭いわく、カートでそういうサービスをするのは、"さながらエレベーターが横になったようなもの。エレベーターに乗るのに運賃は取らない"とのことで、輪島市を訪れれば、そうしたサービスを受けられるようにするのが、会頭の描く将来像でした。それでもいきなり無人化はできないので、地域のシルバー人材を保安要員として同乗させるのが当面の姿になります。

――輪島市の実証において、今後のタイムスケジュールなどはどのように？

鎌田　現在、カートを人が運転するコースが3コースあり、そのうち1本のコースのある部分について誘導線を敷き、自動で動くようにしているのですが、これを2020年頃までに全8コースに誘導線を敷いて、コミュニティバスからカートへ全転換を図るのが次のステップになります。

移動手段の確保が、医療費削減や住民QOL向上に

――こうした公共交通の在り方が大きく変革するような事象は、その地域におけるまちづくりの在り方にも大きく影響するものと思われます。モビリティの改革とこれからのまちづくりの相関性についてはいかがお考えでしょうか。

鎌田　まず、移動ができることによって特に高齢者が家に閉じこもりがちにならずに外でいろいろな刺激を受けること、また移動手段があると出かけた先で歩くことが多くなるので健康増進が期待できるなど、移動手段の整備が医療費、介護費の削減につながるだろうと考えられます。この相関

第1章　自動運転によって広がる、超高齢社会に対応したまちづくり

性がもっと大規模に実証できれば、自治体が移動手段整備に対してもっと予算を投資しても、トータルで見れば医療費削減や市民のQOL（クオリティ・オブ・ライフ）が向上するなどのメリットが得られると思いますので、いずれきちんとエビデンスを取る必要があります。またあくまで自動運転は移動するための手段であることを再認識すべきです。自動運転の技術革新はもちろん重要ですが、そもそも自動運転によって移動手段を確保する目的が無いといけません。そして、その目的こそ、まちづくりです。

——その点で事例となる地域は。

鎌田　やはり輪島市においては、「輪島カブーレ」というまちづくりが、社会福祉法人の佛子園により市等と連携して進められています。もともと金沢市に「シェア金沢」という総理や大臣も視察に訪れる有名なCCRC（= Continuing Care Retirement Community：高齢者が、自らの希望に応じて地方に移り住み、地域社会において健康でアクティブな生活を送るとともに、医療介護が必要な時には継続的なケアを受けることができるような地域づくり）のモデルがあり、「シェア金沢」の高齢者も子供も若者も障害者も「ごちゃまぜ」というコンセプトを、輪島ではまち全体に展開するとの構想です。それも多くの費用をかけるのではなく、市街に点在する空き地や空き家を活用して、こうしたコンセプトの施設をまちにはめ込むとのことです。従って、一カ所に施設が集中するのではなく、市街至るところに拠点が点在し、その間をカートで移動しやすくするという構想です。

　このように考えると、CASEやMaaSは、移動を達成するための新しい技術やシステムの追求ですが、輪島で目指しているのはさらにそれを活用したまちづくりであり、今後を見据えた地域社会の構想の中にCASEやMaaSが組み込まれていく、すなわち少子高齢化が進んでドライバー不足であっても移動しやすく快適かつ健康的なまちをつくるという明確なコンセプトがあり、非常に期待しているところです。

——高齢者の移動手段の確保、健康増進、空き家対策など、多くの自治体が現在抱えている問題を幾つも解決に導く計画ですね。

鎌田　実

鎌田　以前はコンパクトシティへの推進に向けて国土交通省が旗を振っていたものですが、現実的にはなかなか上手くいっていません。そこで、「国土のグランドデザイン2050」では、郊外中山間地の住民をすべて中心部に集結させるのは無理だから、周縁部分は小さな拠点を複数整え、それら各拠点とメインとなる中心部をネットワークで結ぶという「コンパクト＋ネットワーク」というコンセプトに切り替えました。このコンセプトには私も賛同できる内容です。しかし、それでは小さな拠点はどのようにつくるべきかがまだ確立できていません。どのくらいの集落の人口規模で、どれくらいの機能がその地域にあり、どのようなサービスが提供されるのか、等々の問題に対しモデル的なものを作りたいと考えています。その拠点のモデル像ができて、後はネットワーク構築の手段として自動運転が導入されれば、かなり自動運転社会が近づくことになるでしょう。

　現在、厚生労働省は「地域包括ケア」という考え方で、要介護者すべてを施設に受け入れるのではなく、可能な範囲で地域の中、つまり在宅のまま看取れるように、またサービス付き高齢者住宅を増やすなどの方向へかじを切っています。私も、元厚生労働事務次官の辻哲夫先生と一緒に、千葉県柏市を舞台にしたいわゆる"柏モデル"作りに参画し、UR都市機構による団地の再開発や医療介護の地域展開を持たせる取り組みなどはだいぶ形になってきました。その上で私は現在、中山間地域における地域包括ケアをどうやって実現するのかが大きな課題であると捉えています。やはり、住民が点在していると、在宅医療にしろ訪問看護にしろ、その高齢者宅への移動時間ばかりかかって大変非効率です。例えば秋田県北秋田市の中心は、市町村合併前まで鷹巣という地域だったのですが、福祉のまちとして有名になり、かつて私も福祉と交通の連携という観点からいろいろな実験を行いました。そこが合併によって北秋田市となった現在、現地で訪問看護などに携わる方と話をしたのですが、片道30〜40キロあるような道程を回るのが現状であり、地域包括ケアが想定する中学校区くらいの範囲、すなわち2、3キロの圏内の訪問とはかけ離れています。そうした地域で訪問看護などのサービスを提供しようとした場合、どのような形態の

ゴールを思い描くのかが曖昧なまま動き始めたことで、随所にひずみが発生しているように見受けられます。移動距離はいかんともし難いとしても、その先で一軒一軒回るのに時間がかかるのを、もう少し集約できないかというのが現場に携わる人の切実な意見でした。

ですから、必ずしも立派な建物ではなく長屋形式のものでもいい、あるいは空き家を少し改修する方向で活用するなどして中山間地向けのサービス付き高齢者住宅のようなものを整備できれば、コミュニティを維持したまま高齢者が暮らしていく形が可能になるのではないかと思われます。中山間地域では独居高齢者の家が点在しているので、隣の家の人と会うのは数年ぶり、などという例も珍しくありません。そうした地域で、独居高齢者が皆で一緒に暮らすという形式、例えば要介護状態の進み方に応じてグループホームなども考えられるでしょう。

このように、技術の進展を背景にCASEやMaaSを進めていくべきではありますが、それを活用した社会の在り方をどう展望するか、将来像をどう描くかということころからまず考えていく必要があります。事前にゴールがきちんと示されないと、各地域における日々の努力が将来的なより良い方向へ結びついていかない恐れがあると懸念されるところです。

「交通と福祉の連携」を明確化

——今ご指摘いただいた輪島市を始め、地域包括ケアと移動手段の技術的進展の相関については、各地で複数の実証事例ができると全国的な議論が進みそうな気がします。

鎌田　国も地方自治体もタテ割りなので、なかなか連携できないのが悩ましい点です。例えば厚生労働省などでは、介護予防の総合事業に移動支援の項も入れているのですが、道路運送法の点から、厚生労働省と国土交通省の間で、なかなか上手く整理が出来ていません。国土交通省サイドは基本的に、下手をすると白タクのようなものになるので認めない、というスタンスなのですが、ならば現実の場面でどのような形態ならば可能となりそうなのか、どこまでの条件が満たせられれば自家用車の有償運送が実現

できそうなのか、そういう議論を進めています。

　2017年に行われた国土交通省における「高齢者の移動手段の確保に関する検討会」において、私は座長として関わりましたが、委員の皆さまから活発なご討議をいただき、その報告書においては、「交通と福祉の連携」を明確に記述することができました（表⑥）。もちろん、明記はしても、すぐにはなかなか具体的には進んでいかないとは思いますが、例えば神奈川県秦野市などは福祉の専門だった行政官が交通部門に移るなど、行政内で両分野の連携進展に期待が持てそうな体制が取られ始めています。

――これらの状況を踏まえて、先生の数年先の展望などをお聞かせいただければ。

鎌田　近年の技術的進展が早いとはいえ、自動運転がリーズナブルなコストで国民に提供できるようになるには、まだまだ道のりが長いのが現実です。従って、やはり目指すゴールをきちんと設定すること、そのゴール到達に向けてどのようなステップを踏んでいくのが最善か、どういうステー

表⑥　高齢者の移動手段の確保に関する検討会　中間とりまとめ概要　　出典：国土交通省

第1章　自動運転によって広がる、超高齢社会に対応したまちづくり

クホルダーがいてどう連携を取りながら進めていくのか、それを深く議論し、日本の超高齢化対策と地域社会の在り方、求められる福祉に移動の技術をどう役立てるべきなのか道筋を見通す必要があります。先ほどの厚生労働省と国土交通省における介護予防に関する移動支援の議論なども論点が整理されれば、自動運転の技術の進展と合わせて次のステップとしては、自動運転を活用すると今よりもっと高齢者が楽に移動できる、あるいは多様なサービスが提供できる、等々につながるなど、さまざまな面で期待が持てると思います。

——福祉と交通の連携も含めて、まず地域社会のグランドデザインを描くとなると、首長をはじめトップの考え方がポイントになるのでは。

鎌田　政治・行政それぞれに役割を果たすことが大事なのですが、それと同時に地域住民が、今のままでは自身が高齢化してマイカーに頼れなくなる、ではそれから先、地域でどうやって足を確保するのか等、住民自身がもっと危機感や当事者意識を持つべきです。仮に今はまだ良くても、これから問題が表面化してきた時ではもう手遅れということになりかねません。現在、デマンドバスやコミュニティバスに関するアンケートを取っても、「あった方がいいとは思うが自分はマイカーで移動するからバスには乗らない、今は使わない」という回答が少なくありません。が、さらに高齢化していざコミュニティバスに頼るような状況になった時にはそのサービスは無くなっているかもしれないわけです。こうした未来の問題を住民ももっと意識し、また自治体も地元のバスには現在どれくらいの税金が投入されているのか情報発信して明示し、住民の意識を上げていく取り組みが望まれます。

——先ほどの輪島市の実証においては、地域住民の反応などはいかがですか。

鎌田　今のところカート運行のサービスが3コースにとどまっており、そのうち最も住民の利用頻度が高い病院を回遊するコースは商工会議所の職員が運転していたため、忙しくなると運休していました。そういう意味で住民の足として確立されているとはまだ言えない状況です。研究室の学生

を現地に送って住民の声を聞いたのですが、カートの運行は知っているけれど、家のそばを通っていないので使っていないという回答が多い状況でした。これから先、住民の足として定着できるかどうか、その見極めはまだ先になると思います。他方、輪島を訪れる観光客にとってカートは非常に便利な存在であると高評価でした。

将来に向けて、どのようなゴールを設定すべきか

――地方自治体の首長に対し、提言やメッセージなどはいかがでしょうか。

鎌田 自分たちの地域を、どういうコンセプトでどのような将来像を描いていくのかまず定めてもらうことから始まります。繰り返しになりますが、自動運転、CASE、MaaSはいずれも実現のための手段であり、それら各種手段をどう組み合わせれば地域の暮らしの移動手段として成り立ちうるのか見定めるべきでしょう。人口密度の濃淡や過疎化の進展具合など、自治体ごとに特性があるように一律一様の解決法は得られないと思われますから、なおのこと地域の特色を見定めそれに基づくゴールへのステップを想定していくことが重要です。暮らしにとって移動できるということが生活基盤の最も重要な要素の一つであるとの認識の上で移動手段をどう確保していくのか、さらに前述したようにまちづくりとして小さな拠点をどう作るのが効果的なのか、さまざまなビジョンを描くことが政治の役割であり、住民の負託を受けた首長の使命です。住民は過大な要求をしてくるかもしれませんが、それに対し限られた財源の中でどう活用するかが問われるところです。

　いずれにしても人口減が進む中ですべての地域を現状のまま維持することは不可能ですから、場所によってはやむなく集約化を図り、地元を離れて移り住んでいただくしかないという光景も出てくるでしょう。とはいえ、田舎に暮らしていた人がいきなり都会で暮らすようになると、それだけで環境変化に対応できず認知症が進んでしまう場合もあるので気を付けねばなりません。

第1章　自動運転によって広がる、超高齢社会に対応したまちづくり

　従って、地元に小さな拠点をいくつか設けるという形にしてあまり環境を変えず、今よりもう少し集約化を図るのは現実的な一方策だと思います。高齢者にとって隣近所と顔を合わせて暮らすことは健康寿命にとってもプラスに働き、そういう意味ではコミュニティの形成はやはり不可欠なのです。東日本大震災被災地で何年も被災者を仮設住宅暮らしさせているのはけしからん、とマスコミは言うのですが、実際に仮設住宅に住んでいる人に聞くと、隣近所一緒になって暮らすことが楽しいとおっしゃるケースもあるのですよ。集落に点在して住んでいて、遠く離れた隣近所とは以前は車を使って交流していても、高齢化が進んで車を手放すと日常の交流が希薄化する場合が大半です。しかし一方で、そこへ人々が集合して住むことの利点を感じていただけることもあるので、中山間地域型のサービス付き高齢者住宅をモデル的に作り、そこへ自動運転など進化したモビリティのネットワークが上手く連結できれば超高齢社会に対応したあるべき姿のまちづくりができると思いますし、日本の地方自治体のどこかに、そうしたモデルとなるよう目指してもらいたいと期待しています。

——わが県、わが市、わが島において、先生が提唱されるような実証に取り組んでみよう、というところが名乗りを上げるとよいのですが。

鎌田　先に述べたことは夢物語かもしれません。数十台規模の実証を行わねば離島と言えど交通手段をすべて置き換えることができませんし、人流だけでなく物流も同時に検証する必要がありますから、自動車と併せトラックなども同時に自動運転させなければいけないことになります。また、一度大掛かりな実験を始めたら、実験が終わったから元に戻そうというのはもっと容易ではありません。実施するなら十年単位にわたって行う覚悟が求められます。従って、それだけの場所と期間を用意・維持できるような、それなりの財源がなければ実現できるものではありません。これから20年経てば自動運転がかなり進んでいるでしょうから、そうなるとその地域なり島だけ特別、というわけではなくなるので、まずは10年ほどの年月、年間20～30億円ほどの投資をできればいいのですが。

　それだけの投資を国が用意することが可能かどうか、また舞台となる自

治体がそうした実証を受け入れる覚悟があるかどうか、実証を行うにあたってメーカーやサプライヤーは現地に常駐する人を割けるかどうか、国内外から実証を見学・視察に来る人々への受け入れ態勢を取れるかどうか、それを経済効果として期待できるかどうか、こうしたいろいろな側面をトータルとして考え、実行可能なプランが描けるかに、かかってくると思います。
──このたびは、**自動運転の先にある社会の未来像についてご卓見をいた**だきました。ありがとうございました。

第2章

霞が関の取り組み

- 🚩 **総務省** ……………………………… 32
  新たなモビリティの道を探る
- 🚩 **経済産業省** …………………………… 40
  自動運転の実現に向けて、
  各種実証実験を推進
- 🚩 **国土交通省** …………………………… 48
  自動運転の実現に向けた
  国土交通省の取り組みについて
- 🚩 **環境省** ………………………………… 60
  環境省若手職員による政策提言
  「脱炭素イノベーションへの挑戦
  〜目の前のリスクをチャンスに変える、発想の転換で未来を築く〜」

総務省

新たなモビリティの道を探る

1 これまでの取り組み

　総務省は、無線を利用するシステムについて、電波の利用状況や他の無線システムとの干渉等を考慮し、新たな周波数の割り当てや技術基準の策定等を行っています。特にITSに関しては、その導入や高度化のため、これまでに、VICS（道路交通情報通信システム）やETC（自動料金収受システム）、ETC2.0（料金収受に加え、運転支援サービスを提供するシステム）などで利用される周波数の割り当てや技術基準等の策定を行うとともに、これらITSの普及推進を図ってきました。

　2011年12月には車車間通信（車両同士の通信）・路車間通信（道路インフラと車両との通信）等による安全運転支援を行うシステムを実現するため、地上テレビジョン放送のデジタル化により空いた周波数帯（700MHz帯）の一部を割り当てるとともに、他システムとの干渉検討等から技術的条件を検討し、関係省令等の整備を行いました。2014年度からは本システムの早期実用化・普及に向け、実用アプリケーションが十分機能できるよう通信の信頼性、相互接続性、セキュリティ機能を確保するための実証試験を実施し、2015年10月より世界に先駆けて700MHz帯対応車の販売が始められました。また、2017年7月には、本システムによる路車間サービスの高度化やITSインフラの強靭化を図るため、同システムに新たに路路

間通信（道路インフラ同士の通信）を導入するための関係省令等の改正を行いました。

　数百メートル先の歩行者でも検知可能な分解能を持つ79GHz帯高分解能レーダーについては、2015年11月に開催されたWRC（世界無線通信会議）会合において、79GHz帯高分解能レーダーに必要な77.5〜78.0GHzの無線標定業務への一次分配が承認されたことを受け、わが国でも同レーダーのさらなる高精度化を図ることにより自動車の安全性向上や自動運転の実用化を促進するため、2017年1月に、同レーダー用周波数の拡大に係る所要の制度整備を行いました。これにより、同レーダーに使用できる周波数幅は従来の3GHz幅から4GHz幅へと拡大し、さらなる高分解能を持つ車載レーダーの開発が可能となりました。

2　自動運転システムの実現に向けた取り組み

　2014年度から内閣府総合科学技術・イノベーション会議で推進しているSIP（戦略的イノベーション創造プログラム：同会議が司令塔機能を発揮して、府省の枠や旧来の分野の枠を超えたマネジメントに主導的な役割を果たすことを通じて、科学技術イノベーションを実現するためのプログラム）の一課題である「自動走行システム」では、ITS関係省庁の横断的な取り組みとして自動運転の実現に向けた研究開発等を実施しています。総務省も本プログラムに積極的に参画し、主に自動運転を実現するための無線システムの研究開発を実施しています。具体的には、さまざまな状況においても安全に自動運転を行うため、車両や歩行者等の間で位置・速度情報等をやり取りする車車間・路車間・歩車間通信（歩行者と車両との通信）や、天候の影響を受けずに車両や歩行者等の存在を検知可能なインフラレーダー（路側設置型高分解能ミリ波レーダー）等の開発を行っています。SIPでは2017年度から公道において大規模実証実験を行っており、今年度秋に総務省でもこの場を活用し、これまで行ってきた研究開発の成果を検証していくこととしています。

　さらに、自動運転開発のさらなる高みに向け、2018年度から第2期SIP

において課題「自動運転（システムとサービスの拡張）」が実施されています。総務省は本プロジェクトの中で、車両・歩行者の位置情報や信号・民間車両プローブ情報等を効率的に収集する技術、これらの情報を自動運転に活用するために分析する技術、収集・分析した情報を最適に配信する技術の調査・開発・実証を行うこととしています。

　自動運転では、渋滞、工事、事故等の想定外事象やトラブルに対し臨機応変に対応するために常にリアルタイムな周辺情報を把握している必要があり、SIPにおいて動的情報（周辺車両の位置や信号の現示状態など、時間とともに高頻度で変化する情報）を含んだ高精度地図（ダイナミックマップ）を整備するための取り組みを推進しています。歩行者位置情報などの動的情報は理想的には秒間隔で更新・配信し続ける必要がありますが、そのためにやり取りされる通信トラフィックが膨大になるという問題があります。総務省では2016年度よりダイナミックマップ情報を高効率かつリアルタイムに更新・配信を行うための無線ネットワーク技術の研究開発を行っています。こちらも今年度秋には、これまでの研究開発成果の技術実証を行うため、実環境を想定した環境における実証実験を実施する予定です。

3　Connected Car 社会の実現に向けた取り組み

　これまでのITSは、基本的には通信ネットワークに依存せずに、それぞれ個別にシステムを構築しサービスを展開してきましたが、5G（第5世代移動通信システム）等をはじめとする通信ネットワークの進化、ビッグデータ活用の進展、ディープラーニング等の活用によるAIの進展など、自動車を取り巻く周辺環境は大きく変化し状況が変わってきました。これらを背景に、「ネットワークにつながる車＝Connected Car」が現実のものとなっています。さらに、走行する多数の車がConnected Car化し、周囲のさまざまなヒトやモノと情報をやり取りし、新たな価値やビジネスが創出される「Connected Car社会」が実現しようとしています。Connected Car社会では、自動車に搭載されたセンサーがインターネット

総務省

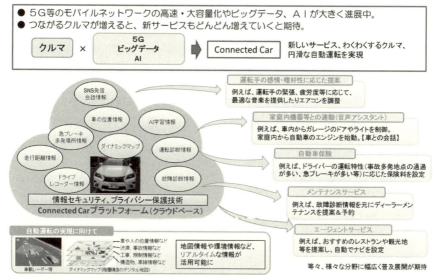

図1　Connected Carによる新たなビジネス・サービスの可能性

につながり、例えば、適切な時期に自動車のメンテナンスを行う提案をしてくれたり、近くのおすすめレストランを紹介して、希望すれば席を予約するのとあわせてカーナビゲーションシステムの目的地を自動で設定してくれたりするなど、自動車周辺の情報を活用したさまざまな新しいサービスが幅広く提供されることが期待されています（図1参照）。

　このような期待の高まりを受け、総務省では2016年12月から2017年7月にかけて「Connected Car 社会の実現に向けた研究会」を開催し、Connected Carを支える無線通信ネットワークの在り方、データの利活用等により創出される新たなサービス・ビジネス、安全で利便性の高いプラットフォーム構築のための方策等について、学識経験者、自動車メーカー、通信事業者、機器メーカー、関連サービス提供者（保険、観光、セキュリティ等の分野）など多様な構成員の参画のもと議論を行い、Connected Carがもたらす新たな社会像やその推進方策等の検討を行いました。議論の中では、どのようにセキュリティやプライバシーを確保するのかという技術的な観点に加え、Connected Car社会の実現を見据え、ど

第 2 章　霞が関の取り組み

のように必要なコスト分担を行い、インフラを整備していくのかが今後の課題であるなどの指摘もありました。

　本研究会の検討結果を踏まえ、総務省では今年度よりConnected Car社会を実現するために必要となる、既存無線システムの高度化、新たな無線システムの導入、各種無線システムを効率的・統合的に活用するプラットフォーム技術、V2Xシステムにおけるセキュリティ技術等について技術的な試験を実施しています。今後は、試験結果を踏まえて、これら技術の導入に向けた制度整備を推進していく予定です。

4　5Gの活用

　移動通信システムはこれまでおおむね10年ごとに世代が変化し、世代を重ねるごとに新しい技術を取り入れ、通信速度を向上させてきています。現在は第4世代の成熟期にあたり、東京オリンピック・パラリンピック競技大会が開催される2020年には第5世代移動通信システム、いわゆる「5G」を世界の先頭グループとして実現するという目標を総務省は掲げています。

　5Gの主要性能は主に三つあり、現在の移動通信システムより100倍速いブロードバンドサービスを提供する「超高速」、周囲のあらゆる機器がネットワークに接続できるようになる「多数同時接続」、車両や建機、ロボット等のリアルタイム遠隔操作が可能となる「超低遅延」です。このうち、「多数同時接続」と「超低遅延」は5Gから新たに加わる特長で、5Gが携帯電話だけでなく幅広い分野に活用されていくことが期待されるなど、社会にもたらすインパクトが大きいものと想定されています（図2参照）。

　2020年のオリンピック・パラリンピックで世界に向け5Gをアピールするため、総務省では2017年度から5Gの総合的な実証試験を実施しています。本試験では、前述の三つの性能のいずれかについて技術目標を設定し、実用化を念頭にさまざまな業界や自治体等が連携して具体的なサービスやアプリケーションを想定した5Gの性能評価に取り組んでいます。例

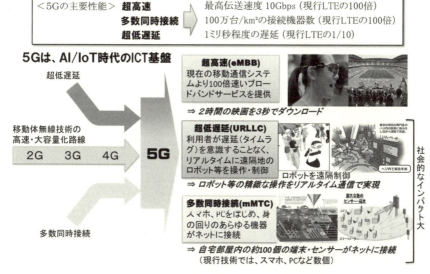

図2 第5世代移動通信システム（5G）とは

えば、ある通信事業者は茨城県つくば市でトラックの隊列走行、具体的には超低遅延通信を活用した車両の遠隔監視・遠隔制御や車車間通信の実現に向けた検証を行っています。隊列走行に関しては、日本では主に労働人口減少によるドライバー不足解消の観点から、欧州では車両間隔をさらに詰められることによる燃費性能向上、環境負荷軽減という観点から、それぞれ実現が期待されています。

今後、自動車業界や通信業界などの関係者とともに、自動運転に関する5G利用の可能性を検討し、早期にわが国としての方向性を打ち出すことが総務省に課せられた重要な役割であると認識しています。

5 国際標準化対応・国際会議への参画

総務省は、情報通信分野における国際標準化活動として、国際連合の専門機関の一つである国際電気通信連合（ITU）等に対して積極的に標準化や勧告化に向けた提案等を行っています。ITSについては、これまで700MHz帯を用いたITS無線システムに関する勧告の作成、79GHz帯高

分解能レーダーに関する勧告の改訂および周波数分配等について活動を行ってきました。

現在、2019年に開催されるWRCの議題の一つとして、アジア・太平洋電気通信共同体（APT）から提案した「ITS用周波数帯の世界的あるいは地域的調和」が承認されています。わが国も、本議題により各国で用いられているITS用周波数の世界的・地域的な調和が図られるよう、5GHz帯におけるDSRCと無線LANとの周波数共用検討や、各国における国際標準化の動向調査や関係者との意見調整、寄与文書の作成等を実施しています。

その他、総務省では各国のITS関係者が一同に会するITS世界会議等の国際会議における発表や展示等を通じて次世代ITSの普及促進や社会的受容性の向上に資する活動を実施しています。また、ITSに関してわが国と世界の連携を深めるため、欧米・アジア地域からITS関係者を招聘し、講演会や意見交換を通じて各国・地域のITS動向の情報交換を行い、仲間作りを行う活動も実施しています。

6　今後の展開に向けて

これまで自動運転やConnected Carに関連する総務省の取り組みを紹介してきました。加えて、本書に出てくるさまざまな取り組みなど今後のCASE時代を展望すると、「通信」（常につながり、情報を確実にやり取りできること）の重要性がより一層増大するのではないかと想定されます。冒頭に述べた通り、総務省は新しいモビリティ社会における具体的なニーズに基づいて新たな周波数の割り当てや技術基準の策定等を引き続き行っていく所存です。具体的なニーズ（＝こういう用途に通信を使いたい）を挙げてもらうためには、それとは反対方向の動き、つまり、シーズ（＝こういう通信技術がある）を広く知らせる活動も重要と考えています。

わが国の基幹産業である自動車産業が、CASE時代を迎え、今後もグローバル経済において一定のプレゼンスを保ち続けるためには、さまざまなITS関係者（省庁、業界、学界、自治体等、場合によっては海外も）によ

総務省

る連携・協力をより一層強化していく必要があると考えています。

とりわけ、本格的な CASE 時代を見据え、自動車業界と通信業界、さらにはインフラ業界がこれまで以上に密に連携することが必要（まずは同じ方向を見て共通言語で一緒に議論を始めることが重要）であると考えており、総務省としてもこの実現に向けて関係機関に働きかけを行ってまいりたいと思います。

経済産業省

自動運転の実現に向けて、各種実証実験を推進

社会的課題を解決する自動運転

　いわゆるCASEにおいて、主要な柱の一つとなるのが自動走行の推進です。内閣官房を中心に関係省庁がそれぞれの所管に基づき推進を図っていますが、とりわけ経済産業省は、わが国の基幹産業の一つである自動車産業を所管する立場から、車の自動運転においては強い関わりを有しています。そして現在、日本の自動車産業はコネクテッド、電動化、カーシェアリング、自動運転などの進展で、従来の産業構造が大きく変化していく可能性に直面しています。まさに大きなモビリティの変革期を迎えていると言えるでしょう。

　特に自動運転については、交通事故の削減や渋滞の解消、高齢者等の移動手段の確保、ドライバー不足の解消など、現代の日本が抱える複数の社会課題を解決すると考えられており、そういう意味では非常に社会的意義が高い政策として注目を集めています。また自動走行は自動車産業の競争力を維持するという観点から、国際的にも非常に注目され、かつ重要な分野であると捉えられています。併せて、センサーやソフトウエアなど、自動車関連としてはこれまでなかった分野の創出にもつながると期待されており、この点も経済産業省としては大いに注力しています。

　こうした一定条件下の自動運転には、大きく二つの流れがあります。一

つは"サービスカー"と言われ、バスなど、走行ルートが限られていて専門のプロが運転しているという種類の車です。これは、比較的自動走行に切り替えやすい、導入しやすいと考えられていることから、この"サービスカー"は、SAE J3016におけるレベル4「高度運転自動化」を狙っていくことになります。他方、個人が所有していて、いろいろなところへ行く可能性がある車に関しては、まずは高速道路など限られた環境でSAEレベル3「条件付運転自動化」を実現し、その後、可能な地域においてはレベル4を目指すというステップを踏むことになるでしょう。こうした運転者がいる車を"オーナーカー"と呼び、まずは基本的にレベル3の実現を目指していきます。これら"サービスカー""オーナーカー"とも、それぞれ目指すレベルは異なるものの、ともに2020年ごろの段階でその実現を図る、という目標を設定しています。

遠隔操作の車両内無人運転とトラック隊列走行

　以上の観点に基づき、経済産業省では国土交通省と連携して、2017年12月に石川県輪島市で、国内初となる公道における車両内無人での自動運転に関する実証実験を実施しました。当面は1台の車両に対し、一人が遠隔で操作を行っていくという形式ですが、今後、複数の車両を一人で遠隔操作する実証実験を行っていく予定です。

　また、明けて2018年1月には、トラック隊列走行の実証実験が実施されました。新東名高速道路浜松サービスエリア～遠州森町パーキングエリア間の約15キロメートルで、世界初となる異なる事業者により製造されたトラックのCACC（Cooperative Adaptive Cruise Control＝協調型車間距離維持支援システム通信で先行車の制御情報を受信し、加減速を自動で行い、車間距離を一定に保つ機能）を活用した実証実験です。まずは後続車両で人がハンドル操作しつつアクセル・ブレーキは踏まないという状態で行い、トラック隊列が周辺走行車両の乗員からどのように認識されるか、トラック隊列が周辺走行車両の追い越しなどに及ぼす影響を確認しました。経済産業省が進めているコネクテッド・インダストリーズの考え方に

基づいて、トラック3台が前後に連なりながら相互に通信の仕方を共有し、車がコネクトしながら走行するという内容です。自動車メーカー各社個別のトラック隊列走行実証はすでに各国で実施されていますが、今回の実験では複数のマルチブランドによる車両を使って実証したことがポイントとなりました。隊列走行においては通信技術のプロトコルを共有化することが課題の一つであり、それをクリアする実証にわが国が取り組んだということで国際的にも注目を集めました。

今回の実証では車間距離に余裕をもち35メートル間隔で実施したところ、新東名は3車線ということもあり、隊列走行中、他車による車間割り込みは2回ほどでしたが、続いて実施された北関東自動車道約50キロメートルにおける実験では、2車線と距離の長さが影響して20回ほど割り込みがありました。インターの数なども異なるため一概に比較するのは難しいのですが、やはり3車線での走行が重要との認識が得られました。その後8月に、国土交通省より御殿場〜浜松いなさ間の約145キロメートルの片側3車線化が決定、これから工事が始まりますので、将来的には新東名高速における隊列走行がしやすい環境になると期待しています。

この実証に対する国際的反響を踏まえて、後述する制度整備大綱においては、2021年度までに後続有人による実用化を目指す、という項目を追加しました。現在の法令では、車間を最小22メートルまで近づけることが可能となっているので、今後はCACCで車間をさらに狭めていくような実証実験がいっそう加速化していくでしょう。さらに、道路上の白線を認識し、車線を維持する「レーンキーピング」を用いた実証も実施する予定です。また、後続車無人のシステムについても、いよいよ関係省庁間で2018年10月を目途に制度整備を行い、2019年1月以後に実証実験を行う運びになっています。まずは、運転席に人が座りさまざまなケースに対応する形になるでしょう。

「協調領域」の最大化

自動走行における経済産業省の取り組みの一つに、「協調領域の最大化」

があります。各企業が平素から激しい競争を展開していますが、技術というものは、すべての分野において競争の対象とすると、そのリソースが分散してしまう可能性があるため、各社が共通で必要とされる部分については、まさに各社共通で開発する必要があります。これが「協調領域」です。

　自動走行の関連で、協調領域の具体的な事例となる技術に地図があります。グーグルの子会社であるウェイモ（Waymo）などは走る前に必ず自社独自で地図を作成していると、セーフティレポートの中で発表しています。わが国では地図の作製に膨大なコストがかかることから、各社で共有できる地図の作製に取り組んでいこうということになりました。協調領域の議論の前提となる「将来像の合意形成」と「協調領域の特定」について、2015年2月より国土交通省と共催の「自動走行ビジネス検討会」で検討と協議を重ね、2018年3月に「自動走行の実現に向けた取組方針ver2.0」を取りまとめ、協調領域として重要10分野を抽出しました。具体的には、地図、通信インフラ、認識技術、判断技術、人間工学、セーフティ、セキュリティ、社会受容性、ソフトウェア人材、安全性評価の計10分野がピックアップされました。

　この中に社会受容性がある通り、一般国民の自動走行に対する安全性への懸念などをどうクリアするのか、という点も自動走行を推進する上で大きな課題だとされています。この点はまさに、実証実験を行うこと自体が、国民の皆さまに自動走行をご理解していただく重要な施策、ツールだと考えられます。各地で展開されている実証実験を継続し、地域をはじめ多くの方々の認知度や理解を高めていくことが自動走行の実現においては大事なプロセスになると思われます。そしてこの実証実験は、関係各位のご協力なくしては成り立ちません。自動車メーカーの存在はもちろん、付帯のサービスを含めた幅広い民間事業者の協力が必要であり、もちろん実証の舞台となる地方自治体だけでなく、地元住民の方々のご理解が不可欠となります。

第2章　霞が関の取り組み

制度整備大綱におけるポイント

　自動走行においては、技術、制度、担い手つまり実際にビジネスをする方、そして社会受容性の四つを相互に向上させていくことが求められます。技術開発については経済産業省をはじめ関係省庁や企業が積極的に向上を図ってきましたが、制度面での対応がこれまであまり十分ではなかったと認識されてきました。その認識を踏まえて、2018年4月17日、政府は「自動運転に係る制度整備大綱」を策定しました。2020～2025年の範囲で実現するであろう技術を想定した制度整備大綱となります。

　大綱においては、大きく二つの目標について実現を目指すことが打ち出されました。

　まず一つはレベル3、すなわちシステムが運転する、という状態を認めることです。現在、車の運転中はドライバーが常時、周辺を監視しながら運転しなければならないことになっているのですが、システムが運転することによりドライバーが気をそらしていい、他のことをしてもいいという状態を、公道上で実現できるようにするということです。この、運転中に気をそらしていいというレベルの制度は、これまでドイツが先行していました。日本、米国、英国、フランス等でこれを実現するには、ジュネーブ条約という現行の国際条約との整合性が図られることが前提となっています。ドイツはこのジュネーブ条約に加盟していません。しかし日本や米国、英仏は同条約に加盟しているので、条約との整合性を図る必要があるのですが、今回はそうした整合性を図れるようになるのを前提に制度整備を進めることとなりました。

　二つ目、ジュネーブ条約においては、車両内に人が居なくても、つまり車両内が無人であっても遠隔運転しているドライバーが居れば実証試験をしていい、ということになっています。制度整備大綱では「実証実験の枠組みを事業化の際にも利用可能とする」とされており、今まで実証のみにとどまっていたのをいよいよ事業化していくことが可能であることが明記されました。また現在の4Gでは遠隔操作をするときにタイムラグが生じ

経済産業省

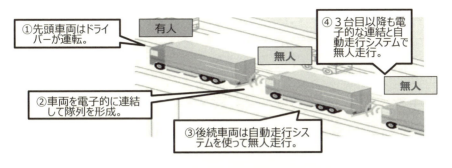

隊列走行

る課題があり、当面は車両のスピードが時速20キロメートル以内に抑制されると考えられます。実際に、ここまでの実証で認めているのはやはり時速20キロメートル以内です。遠隔操作の事業化が実現できれば、まさに自動運転ビジネスの一つのモデルになりうるものとして期待されています。

　制度整備大綱においてはこの二つの目標を達成するために、①安全確保の考え方、②交通ルールの在り方、③責任関係、以上の３点を整理していくことになりました。

　これらの各論点整理はいずれも重要な観点ですが、責任関係の所在については特に利用者の関心が高い点ではないかと思われます。責任に関しては大きく民事と刑事に分かれます。

　民事については比較的明確で、運行供用者責任、つまり車を持っている人あるいは車を供与することによって利益を得る人の責任に、一義的にはまずなるとされています。自動車事故の被害に遭われた方の救済を優先す

る場合、誰が責任を取るのか明確でないのは望ましくないため、運転している本人もしくは車を所有している人物というように特定しています。この運行供用者責任の原則は、自動走行・自動運転においても変わりません。例えば自動走行車を法人が有して事業を行っている場合、事故が発生した時の責任の所在は法人ということになり、また個人が所有する自動走行車であれば個人の責任となります。このように被害者救済の観点から、現状でもすでに、もともと設計ミスで自動車事故が起きた場合、本来はメーカーが責任を負うべきだとしても、いったんは運行供用者が被害者に賠償をすることになっています。この運行供用者責任という整理のもとに、任意保険もできています。運行供用者はその後、自動車メーカーに求償する規定もありますが、それには各種証拠をそろえる必要があるため、大綱においては「走行記録装置義務化の検討」として、車内に記録装置を搭載することなども書かれています。またこの時、自動運転をコントロールするネットがサイバー攻撃によりハッキングされた場合はどうなるのか、が問われるところです。今でも盗難車に関しては政府保障の対象となっているので、ハッキング被害もこれを踏襲し政府保障の対象となる方向です。以上のように、民事については相当程度整理される方針が打ち出されており、今後は具体的な法令化を図ることになると想定されます。

　他方、刑事については多様な状況が想定される上、現実にはまだ自動運転が実現されていないため特定が難しく、この点は各国ともまだ検討している段階だと認識しています。

2020東京オリパラで臨海部における実証を

　経済産業省ではこれまで、内閣府と連携してSIP（戦略的イノベーション創造プログラム）研究開発計画における自動運転の推進に取り組んできましたが、2018年度からの第2期SIPにおいても「システムとサービスの拡張」をサブタイトルとして、自動運転の推進を図ることとなっています。この場合のサービス化はすなわち実用化であり、一つのポイントとして2020東京オリンピック・パラリンピック開催の機会を捉え、東京臨海部

にて自動運転の実証実験を行うことを予定しています。

　内閣府から警察庁を通じて警視庁に要請し、通信で灯火が伝わるような信号機をお台場から羽田にかけて集中的に設置、これを使って実証を行うという構想です。自動運転の場合、車両が信号の色をカメラでキャッチし独自に判断できることが望ましいのですが、現実的には逆光の場合などカメラでは信号の色を捉えにくい場合があるとも指摘されています。こうした点を踏まえてより安全な走行環境を実現するには、やはり信号との協調が不可欠です。とはいえ日本全体の道路にあまねくそうした高度な信号を設置することは現実的には難しいため、まずはどのような場合にそうした信号が必要なのか検証する、それがこの臨海部における実証実験の大きな目的の一つです。バスやカートのように一定の走行ルートが確立された車両に関して、その間の既存の信号を協調可能な信号に付け替えるなどの多様な方法論も、この実証で検討できると想定されます。もちろんそれ以外にも、国民の皆さんに自動走行の実証を見ていただくこと自体に重要な意義があると思います。

　第2期SIPの期間である2023年までに、こうした技術を積極的に検証し、冒頭で記したSAEレベルのステップアップを早期に実現したいと考えています。当面、隊列走行に関しては実証の隊列数を増やすなど、より頻度多く実証を重ね、2020年段階における後続車から運転者が居ない段階、後続無人車の実証ができるようデータを蓄積していく方針です。また2020年には無人移動サービスの実現を目指しており、18年度内も一部の地域で実証を行う予定です。それを19年度には実施期間を半年間に延ばし、よりビジネスに近い形の実証に取り組みたいと考え、それらの実証部門の実施について19年度概算要求に盛り込みました。

第2章　霞が関の取り組み

国土交通省

自動運転の実現に向けた国土交通省の取り組みについて

　自動車の安全確保や環境保全、自動車損害賠償保障事業（自賠責保険）、バスやタクシー・トラックなどの旅客や貨物の運送事業などを所管している国土交通省では、自動運転の分野において実用化に必要な環境整備を図るため、安全基準の策定や国際調和の推進、海外の関係行政機関との連携・情報交換、自動運転で事故が発生した場合の責任問題についての検討などを行っているほか、一般にサポカーと呼ばれる安全運転サポート車をはじめとした技術開発、普及の促進、自動運転車両によるラストマイル無人移動サービスの実証実験の実施などの各種施策を展開しています。

　今回は、このような自動運転の実現に向けた国土交通省におけるさまざまな取り組みについて説明します。

1　自動運転の目的

　現在、自動運転の実用化に向けた研究・開発が意欲的に進められており、自動運転を巡る技術が急速に進展しています。また、自動車メーカーに限らず、サプライヤーやIT企業なども自動運転の分野に参入しており、従来の自動車産業から大きな変革がもたらされつつあります。交通事故のうち死亡事故発生件数の約97％が運転ミスに起因していますが、自動運転が実用化されることにより、運転ミスが抑止され、運転者が原因の交通事故が大幅に削減されることが期待されます。また、適切な車間距離・

国土交通省

- 死亡事故発生件数の大部分が「運転者の違反」に起因。
- 自動運転の実用化により、運転者が原因の交通事故の大幅な低減効果に期待。
- 渋滞の緩和や生産性の向上、国際競争力の強化への効果に期待。

自動運転の意義

　加減速の制御による渋滞の緩和・解消や、高齢者などの移動支援、地域公共交通の活性化、トラック・バスなどの運転者不足解消などにも大きな効果が期待されており、さらには、技術・ノウハウを国際展開することで、日本企業の国際競争力を高めることも狙いとしてあります。このように、自動運転は、安全性向上、環境負荷低減、移動サービスの高度化、物流効率化といった自動車交通をめぐる諸課題の解決に大きな効果が期待されていることから、国土交通省としては、これらの早期実現を目指し、関係各所との連携のもと各種施策に取り組んでいるところです。

2　自動運転のレベル分けとドライバーの関係

　日本では、現在、自動運転技術について、以下の図で示されているようなSAE（米国自動車技術会：Society of Automotive Engineers）が規定したレベル1からレベル5までの5段階のレベル分けを欧米と同じく参照しております。

　レベル1は運転支援ということで、安全運転サポート車（略称：サポカ

第2章　霞が関の取り組み

自動運転車の定義

　-S）の主要技術である衝突被害軽減自動ブレーキやペダル踏み間違え時急発進抑制装置、車線をはみ出さないように走行する車線維持支援制御装置（LKAS）、定速走行や前方車両との車間距離を維持しつつ追従走行する定速走行・車間距離制御装置（ACC）といった個々の技術が該当します。レベル1の個々の技術を組み合わせたものがレベル2で、現在、日本で走っている自動運転機能の車両はレベル2となります。レベル1、レベル2は従来と同様に運転の責任をドライバーが負うこととなっているため、これらは従来の制度の中で技術の開発・実用化が可能であり、そのように進められています。

　一方、レベル3以上の高度な自動運転については、通常は自動運転システム（車両）が運転を行い、その間は周辺の安全を監視する責務をドライバーが負わなくなるため、セカンダリーアクティビティ（Secondary Activity）というドライバーが運転以外のことをすることが可能となります。レベル3とは、自動運転システムが正常に作動している間はシステム

が周囲の安全を監視しながら運転を行い、システムが何かしらの原因で対応できなくなるときにはシステムからドライバーに運転を引き渡すというものです。

レベル4は「特定条件下における完全自動運転」ということで、走行ルートが固定されるなど、ある限定された空間においては完全な自動運転が実現されたものを指します。レベル5は自動運転の最終形といえるもので、高速道路、一般の街中を問わず何ら限定なく自動運転システムにより走行できるものを指します。

3 自動運転に関する国内の取り組み

政府全体として自動運転の実現に向けた取り組みを進めている中、自動車の安全基準、自賠責保険、道路整備などを担う国土交通省としても、自動運転実現の目標に向けて的確かつ迅速に対応する必要があります。

このため、平成28年12月に国土交通大臣を本部長とする「国土交通省自動運転戦略本部」を設置し、全省的に取り組む体制を整備しました。

国土交通省では、昨年6月に行われた本会合の中間取りまとめを踏ま

設置の主旨
交通事故の削減、地域公共交通の活性化、国際競争力の強化等の自動車及び道路を巡る諸課題に解決に大きな効果が期待される自動運転について、未来投資会議等の議論や産学官の関係者の動向を踏まえつつ、国土交通省として的確に対応するため、平成28年12月、国土交通省自動運転戦略本部を省内に設置。

構成
【本部長】国土交通大臣　【副本部長】副大臣、政務官
【構成員】事務次官、技監、国土交通審議官、関係局長等

検討事項
1．**自動運転の実現に向けた環境整備**
　（1）**車両に関する安全基準の策定、制度整備**　⇒国連における国際基準の策定、自動運転車の安全要件等の検討
　（2）**自動運転の実現に向けた制度・環境整備**　⇒自動運転における損害賠償責任の検討、自動運転車の運送事業への導入に係る検討　等
2．**自動運転技術の開発・普及促進**
　（1）**車両技術**　⇒「安全運転サポート車」の普及啓発、自動ブレーキの性能評価・公表制度の創設
　（2）**道路と車両の連携技術**　⇒自動運転を視野に入れた除雪車の高度化、高速道路の合流部等での情報提供による自動運転の支援
3．**自動運転の実現に向けた実証実験・社会実装**
　（1）**移動サービスの向上**　⇒ラストマイル自動運転サービス【経済産業省連携】、中山間地域における道の駅等を拠点とした自動運転サービス、空港における自動運転実証実験　等
　（2）**物流の生産性向上**　⇒トラックの隊列走行の実現に向けた検討【経済産業省連携】

取組状況
○平成28年12月・・・・・・自動運転戦略本部の設置
○平成30年 3月・・・・・・自動運転の実現に向けた今後の国土交通省の取り組み（2018年3月）公表

第4回国土交通省自動運転戦略本部
(平成30年3月22日開催)

国土交通省の取り組み

え、検討事項の柱として、
1．自動運転車が満たすべき技術基準や事故時の賠償責任などの「環境整備」
2．自動運転技術の「開発・普及促進」
3．自動運転車の安全性の向上や社会受容性の確保に向けた「実証実験・社会実装」

という課題を掲げて、自動車の車両技術・制度と道路の現場・技術を持つという国土交通省の強みを生かして、省を挙げて取り組みを進めているところです。

また、現在、自動車の安全確保のため、道路運送車両法において安全基準（保安基準）、型式指定、点検整備、検査といった一連の制度を定めていますが、政府目標である2020年を目途でのレベル3以上の高度な自動運転の実用化にあたっては、「ドライバーによる運転を前提とした制度」から「システムによる運転も想定した制度」に見直すことが必要です。

このため、国土交通省では、2018年9月に、交通政策審議会の下に「自動運転等先進技術に係る制度整備小委員会」を設置し、自動運転車などの

- レベル3以上の高度な自動運転の2020年目途の実用化に向け、道路運送車両法に基づく安全確保のための各種制度について、「ドライバーによる運転を前提とした制度」から「システムによる運転も想定した制度」に見直すことが必要
- このため、交通政策審議会の下に小委員会を設置し、「自動運転に係る制度整備大綱」を踏まえ、自動運転車等の設計・製造過程から使用過程にわたる総合的な安全確保に必要な制度のあり方を検討し、本年中のとりまとめを行う予定

審議事項

高度な自動運転を想定した保安基準のあり方や、自動運転車の点検整備に関する制度のあり方など、自動運転車等の設計・製造過程から使用過程にわたる総合的な安全確保に必要な道路運送車両法上の制度のあり方について検討を行う。

＜想定される論点の例＞
・高度な自動運転を想定した保安基準のあり方
・高度な自動運転が可能な走行環境条件（場所、速度等）を設定する仕組みのあり方
・自動運転に係る装置の点検整備に関する制度のあり方
・点検整備及び検査に必要な技術情報の提供のあり方
・自動車の性能を変更するソフトウェア配信への対応のあり方

運転者に代わりシステムが運転する高度な自動運転

限定地域での無人自動運転移動サービス

無線通信によるソフトウェア配信

交通政策審議会「自動運転等先進技術に係る制度整備小委員会」の設置について

設計・製造過程から使用過程にわたる総合的な安全確保に必要な制度の在り方の検討を進め、本年中の取りまとめを行うこととしています。

4 自動運転の実証実験の推進

　国土交通省では、経済産業省との連携により、最寄駅などと最終目的地を限定地域での無人自動運転サービスで結ぶ「ラストマイル自動運転」の実証事業を進めています（112P参照）。2017年12月から石川県輪島市、本年2月から沖縄県北谷（ちゃたん）町、4月から福井県永平寺町において小型電動カートによる実証実験を開始し、10月から茨城県日立市において小型バスによる実証実験を開始します。特に小型電動カートに関し、本年度は、1名の遠隔監視・操作者が複数車両を担当する自動運転技術の検証や社会受容性の実証評価を行うこととしております。
　また、同じく経済産業省との連携事業として、トラックの隊列走行の実用化に向けた事業も行っております。これは先頭車両がブレーキやアクセル操作を行うと、その情報が通信で後続車両に伝わり、自動で加減速を行

○ 最寄駅等と最終目的地を自動運転移動サービスで結ぶ「ラストマイル自動運転」を2020年度に実現するという政府全体の目標を達成するため、経済産業省と連携し、昨年12月から石川県輪島市、本年2月から沖縄県北谷町、本年4月から福井県永平寺町において、実証実験を開始したところ。
○ 2018年度は、1名の遠隔監視・操作者が複数車両を担当する自動運転技術の検証や社会受容性の実証評価等を行う予定。

ラストマイル自動運転

第 2 章　霞が関の取り組み

○ トラックのドライバー不足問題への解決策として、先頭車両のみが有人で後続車両が無人のトラックの隊列走行が期待されている。
○ 2020年度に高速道路(新東名)において技術的に実現するという政府全体の目標を達成するため、2018年1月より、まずは後続車両が有人の隊列走行について、経済産業省と連携し、新東名等において実証実験を開始。
○ 隊列への一般車両の割り込みや車線数減少箇所での一般車両との錯綜等、実証実験で明らかになった課題を踏まえ、車両の技術開発を進めることとしている。

実証実験概要

■実施期間：2018年1月、2月
■走行区間：・新東名高速道路　遠州森町PA〜浜松SA(約15km)
　　　　　　・北関東道自動車道　壬生PA〜笠間IC(約50km)
■検証項目：
　①トラック隊列が周辺走行車両の乗員からどのように認識されるか
　②トラック隊列が周辺走行車両の挙動(追い越し等)に及ぼす影響　等
■実証実験から得られた課題
・3車線区間のある新東名において、13回の実証実験走行中(合流・流出部)に2回の割り込み、また2車線区間の北関東道においては、12回の走行中(合流・流出部)に20回の割り込みが発生。車間距離及び合分流時等の走行方法を検討する必要がある。
・片側3車線と2車線の区間を比較すると、2車線区間では大型トラックなどが隊列を追い越す際に、多数の車が連なって走行する状況が発生した。また隊列車両の運転手からは、3車線区間の方が運転しやすく、3車線から2車線への車線数減少箇所で一般車両との錯綜により車線変更が難しいとのコメント。
■今後の予定
・2020年度に新東名高速道路でのトラックの隊列走行の実現

・3台で隊列を形成
・すべての車両にドライバーが乗車してドライバー責任で運転
・運転支援技術(CACC)により、アクセル・ブレーキのみ自動制御可能

CACC (Cooperative Adaptive Cruise Control)：協調型車間距離維持支援システム
通信で先行の車両制御情報を受信し、加減速調整や車間距離を一定に保つ機能

トラックの隊列走行

うことで車間距離を保つというものです。先頭車両のみが有人で後続車両が無人のトラックの隊列走行は、ドライバー不足問題への解決策として期待されており、この実現に向けて、まずは後続車両が有人の隊列走行について、本年1月と2月に新東名高速道路及び北関東自動車道において実証実験を実施しました。この実証実験において、隊列への一般車両の割り込みや車線数減少箇所での一般車両との錯綜などの課題が明らかとなったことを踏まえ、引き続き車両の技術開発を進めることとしています。

　この他にも、国土交通省では道の駅などを拠点とした自動運転移動サービスの実証実験を、2017年9月より全国13カ所で実施し、今年度はビジネスモデルの構築のため長期間の実験を中心に実施する予定です。

5　自動運転に関する国際的取り組みと日本の役割

　自動車の安全・環境基準の国際的な調和は、国連の欧州経済委員会の中の「自動車基準調和世界フォーラム(通称：WP29)」において議論されています。自動車は国際流通商品であり、わが国自動車産業の国際競争力

強化のためには、日本の技術を前提とした国際基準とすることが望ましいことから、日本は約20年前から正式メンバーとしてWP29に参加し、日本の技術が少しでも世界に広まっていくよう議論してきました。現在、WP29では自動運転に係る種々の基準などについて検討を行う分科会や専門家会議などが設置され、わが国はこれら分科会の共同議長または副議長として議論を主導しています。

例えば、自動運転の主要技術である自動ハンドルについては、2017年10月には車線維持に関する基準が発効し、18年3月には自動車線変更に関する基準が成立するなど、着実に国際基準の策定を進めているところです。このほか、現在レベル3以上の高度な自動運転技術に関する基準やサイバーセキュリティ対策の具体的な要件などの検討が本格化したところであり、引き続き、わが国が国際的な議論をリードしていくこととしています。

国連における国際基準の策定に先立ち、2020年を目途としてレベル3以上の高度な自動運転を実現するためには、自動運転車が満たすべき安全要

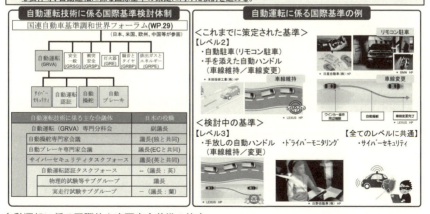

自動運転に係る国際的な車両安全基準の策定

第2章　霞が関の取り組み

- ○ レベル3、4の自動運転車が満たすべき安全要件をガイドラインとして定めることにより、国際基準が策定されるまでの間も、安全な自動運転車の開発・実用化を促進
- ○ 世界で初めて、自動運転の実現にあたっての安全目標を設定し、自動運転車の開発・実用化の意義を明確化
  安全目標：自動運転システムが引き起こす人身事故がゼロとなる社会の実現を目指す
- ○ これまでも日本が議論を主導してきた国連における国際基準づくりにおいて、ガイドラインに示した我が国の自動運転車の安全性に関する考え方や安全要件を反映させ、我が国の優れた自動車安全技術を世界に展開する

経緯
平成29年12月　車両安全対策検討会の下に、「自動運転車両安全対策検討ワーキンググループ」（WG）を設置し、議論開始
平成30年4月　「自動運転に係る制度整備大綱」（IT総合戦略本部決定）において、平成30年夏頃に本ガイドラインをとりまとめる旨記載
平成30年6月　ガイドラインの案をとりまとめ、パブリックコメントを開始
平成30年9月　ガイドラインの公表

ガイドラインの対象車両
レベル3又はレベル4の自動運転システムを有する乗用車、トラック及びバス

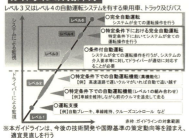

※本ガイドラインは、今後の技術開発や国際基準の策定動向等を踏まえ、適宜見直しを行う

自動運転車の安全性に関する基本的な考え方
- 「自動運転システムが引き起こす人身事故がゼロとなる社会の実現を目指す」ことを目標として設定
- 自動運転車が満たすべき車両安全の定義を、「自動運転車の運行設計領域（ODD）において、自動運転システムが引き起こす人身事故であって合理的に予見される防止可能な事故が生じないこと」と定め、自動運転車が満たすべき車両安全要件を設定し、安全性を確保する

自動運転車の安全性に関する要件（10項目）
自動運転車は、次の安全性に関する要件を満たすことにより、その安全性を確保しなければならない

① 運行設計領域（ODD）の設定　② 自動運転システムの安全性
③ 保安基準等の遵守等
④ ヒューマン・マシン・インターフェース（ドライバー状態の監視機能等の搭載）
⑤ データ記録装置の搭載　⑥ サイバーセキュリティ
⑦ 無人自動運転移動サービス用車両の安全性（追加要件）
⑧ 安全性評価　⑨ 使用過程における安全確保
⑩ 自動運転車の使用者への情報提供

自動運転車の安全性に関する要件（10項目）
自動運転車は、以下の安全性に関する要件を満たすことにより、その安全性を確保しなければならない

車両の安全性に関する項目	主な要件
① 運行設計領域（ODD）の設定	個々の自動運転車が有する性能及び使用の態様に応じ、運行設計領域（自動運転システムが正常に作動する前提となる設計上の走行環境に係る特有の条件：ODD）を定め、走行環境や運用方法を制限すること
② 自動運転システムの安全性	・制御系やセンサ系の冗長性を確保すること等によりシステムの安全性を確保すること ・設定されたODDの範囲外となる場合等、自動運転の継続が困難となった場合には、最終的に車両を自動で安全に停止させること
③ 保安基準の遵守等	・自動運転に関連する既に定められた道路運送車両の保安基準を満たすこと ・関係するISO等の国際標準等を満たすことを推奨
④ ヒューマン・マシン・インターフェース（HMI）	・自動運転システムの作動状況を運転者又は乗員に知らせるための以下の機能を有するHMIを備えること ・レベル3の自動運転車は、運転者がシステムからの運転操作を引き継ぐことができる状態にあることを監視し、必要に応じ警報を発することができる機能（ドライバーモニタリングシステム等） ・レベル4の自動運転車は、自動運転の継続が困難であるとシステムが判断し、車両を自動で停止させることをあらかじめ運転者又は乗員（運行管理者等）に知らせることができる機能
⑤ データ記録装置の搭載	自動運転システムの作動状況や運転者の状況等をデータとして記録する装置を備えること
⑥ サイバーセキュリティ	サイバーセキュリティに関する国連（WP29）等の最新の要件を踏まえ、ハッキング対策等のサイバーセキュリティを考慮した車両の設計・開発を行うこと
⑦ 無人自動運転移動サービス用車両の安全性（追加要件）	無人移動サービス（レベル4）に用いられる自動運転車については、①～⑥の要件に加え、運行管理センターから車室内の状況が監視できるカメラ等や、非常時に運行管理センターに自動通報する機能等を備えること
⑧ 安全性評価	設定されたODDにおいて合理的に予見される危険事象に関し、シミュレーション、テストコース又は路上試験を適切に組み合わせた検証を行い、安全性について事前に確認すること
⑨ 使用過程における安全確保	使用過程の自動運転車両の安全性の観点から、自動運転車の保守管理（点検整備）及びサイバーセキュリティを確保するためのソフトウェアのアップデート等の必要な措置を講じること
⑩ 自動運転車の使用者への情報提供	自動運転車の使用者に対し、システムの使用方法、ODDの範囲、機能限界等を周知し理解することができる措置を講じること

自動運転車の安全技術ガイドライン【概要】

件を法的拘束力のないガイドラインとして定め明示することにより、安全な自動運転車の開発・実用化を促進する必要があります。

このため、レベル3以上の自動運転システムを有する車両が満たすべき要件や安全確保のための各種方策について整理し、2018年6月にガイドライン案をとりまとめ、パブリックコメントの手続きを行った結果、9月12日にガイドラインとして公表しました。

6 自動運転の責任問題

国土交通省は、自動車損害賠償保障法（自賠法）を所管していることから、自動運転における自動車損害賠償責任の在り方について検討を行っております。現在の自賠法では、民法の特則として、所有者などの運行供用者に事実上の無過失責任を負わせておりますが（自賠法第3条の免責三要件を立証しない限り損害賠償責任を負う）、自動運転システムによる事故においても本制度を維持することの是非が大きな論点となっております。

国土交通省では、「自動運転における損害賠償責任に関する研究会」に

○ 現在の自賠法では、民法の特則として、運行供用者（所有者等）に事実上の無過失責任を負わせている（免責3要件を立証しなければ責任を負う）が、自動運転システム利用中の事故においても本制度を維持することの是非が最大の論点。
○ 平成28年11月より、自動運転における損害賠償責任に関する研究会において検討を行い、平成30年3月20日、報告書をとりまとめ・公表。
○ 報告書においては、レベル4までの自動運転については、従来の運行供用者責任は維持することとし、今後は、保険会社等から自動車メーカー等に対する求償の在り方等について引き続き検討することとされた。

【参考】免責3要件（自賠法§3）
・自己及び運転者が自動車の運行に関し注意を怠らなかったこと　・被害者又は運転者以外の第三者に故意又は過失があったこと
・自動車に構造上の欠陥又は機能の障害がなかったこと

【研究会報告書における主な論点とポイント】

① 自動運転システム利用中の事故における自賠法の「運行供用者責任」をどのように考えるか。

⇒ 自動運転システム利用中の事故により生じた損害について、「従来の運行供用者責任を維持しつつ、保険会社等による自動車メーカー等に対する求償権行使の実効性確保のための仕組みを検討する」ことが適当である。
また、求償の実効性確保のための仕組みとして、リコール等に関する情報の活用のほか、
・EDR等の事故原因の解析にも資する装置の設置と活用のための環境整備
・保険会社と自動車メーカー等による円滑な求償のための協力体制の構築
・自動運転車の安全性向上等に資するような、自動運転中の事故の原因調査等を行う体制整備の検討
などの選択肢として考えられ、これらの具体的内容等については、関係省庁等が連携して、引き続き検討していくことが重要である。

② ハッキングにより引き起こされた事故の損害（自動車の保有者が運行供用者責任を負わない場合）について、どのように考えるか。

⇒ 自動車の保有者等が必要なセキュリティ対策を講じていない場合等を除き、盗難車による事故と同様に政府保障事業で対応することが適当である。

③ 自動運転システム利用中の自損事故について、自賠法の保護の対象（「他人」）をどのように考えるか。

⇒ 現在と同様に自賠法の保護の対象とせず、任意保険（人身傷害保険）等で対応することが適当である

自動運転における損害賠償責任に関する検討

第2章　霞が関の取り組み

おいて、自動運転システム利用中の事故についての運行供用者責任の在り方などについて検討を行い、本年3月に報告書をとりまとめ、公表いたしました。

　報告書においては、レベル4までの自動運転については、従来の運行供用者責任は維持することとし、今後は、保険会社による自動車メーカーに対する求償の在り方や、データ記録装置の設置義務化などについても検討することとしています。

7　最後に　～適切な自動運転技術の普及に向けて～

　以上が国土交通省における自動運転の取り組みのご紹介となりますが、最後にドライバーへの注意喚起の重要性を説明します。2016年5月にアメリカにおいて自動運転機能を搭載した車両による死亡事故が発生しました。また、18年3月にも、同じくアメリカで同様の自動運転機能搭載車両による死亡事故が発生しています。現在の自動運転技術は開発途上のもの

○国土交通省は、衝突被害軽減ブレーキでも衝突を回避できない場合があることを　理解していただくための啓発ビデオを公開。
　（平成30年4月20日報道発表）
　国土交通省自動車局審査・リコール課　YouTube公式アカウント
　https://www.youtube.com/channel/UCwFJ6KstdbqM9P91828lu2g
○啓発ビデオでは、衝突被害軽減ブレーキが正常に作動していても、走行時の周囲の環境や路面の状態などによっては、衝突被害軽減ブレーキが適切に作動できない場合があることを検証。
　障害物を検知できない事例：　逆光、暗闇、夕立
　障害物を回避できない事例：　規定速度超過、滑りやすい路面、坂道
○自動車ユーザーが衝突被害軽減ブレーキを過信せず、安全運転をしていただきたいと考えており、引き続き、衝突被害軽減ブレーキが働かない状況があること等、理解の促進を図っていく。

衝突を回避できない場合がある事例
（滑りやすい濡れた路面）

2017年「衝突被害軽減ブレーキ」不具合の割合
その他 3件
作動しない 88件
交通事故 82件
勝手に作動 249件
340件
交通安全環境研究所調べ

○自動車ユーザーへの啓発内容
衝突被害軽減ブレーキを正しく使用するための注意事項
1. 衝突被害軽減ブレーキは完全に事故を防ぐことができません。
　運転者はシステムを決して過信せず細心の注意をはらって運転してください。
2. 衝突被害軽減ブレーキの作動する条件は、自動車の取扱説明書に記載してありますので、車種毎に異なる作動条件を把握してください。

衝突被害軽減ブレーキに対する啓発

であり、安全性において万能なものではありません。現在市販されている自動運転機能はレベル2のもので、自動運転というよりは運転支援機能としてドライバーの責任の下で使用することが前提となっています。ところが、双方の事故において、ドライバーはシステムの機能や性能を正確に理解せずに過信し、事故に至った可能性があります。

　また、自動車公正取引協議会が18年1月に実施した調査では、新車ディーラーの従業員の過半数（59.9％）が「メーカーのテレビCMの影響などで消費者が「自動運転」や「自動ブレーキ」の機能を過大評価している」と回答しています。

　この結果を踏まえると、今後、われわれ行政機関は、自動車メーカーや関係団体などと連携し、①現在市販されている自動運転システム（レベル1、レベル2）はドライバーの責任の下で使用する必要があること、②自動運転機能の正しい使用方法を改めて確認することが重要であること、の二点をユーザーに対してさらに周知していく必要があります。

　国土交通省としても、全省的に取り組んでいる「自動運転戦略本部」のもと、このような現行の自動運転機能に関するユーザーに対する啓発活動を継続的に行い、今後とも安全確保を前提とした適切な自動運転の実用化・普及に向けた取り組みを進めて参ります。

第2章　霞が関の取り組み

環境省

環境省若手職員による政策提言
「脱炭素イノベーションへの挑戦
～目の前のリスクをチャンスに変える、発想の転換で未来を築く～」

1　はじめに

　2018年7月23日、環境省の若手有志メンバーが取りまとめた政策提言『脱炭素イノベーションへの挑戦』が中川環境大臣に手渡されました。（http://www.env.go.jp/press/105779.html）

　この政策提言は、今後、行政の中枢を担うべき若手有志メンバーが部局の枠を超え、2050年温室効果ガス80％削減や脱炭素社会構築のためには、今まさに具体的な取り組みを開始しなければ間に合わない、という強い危機意識の下、自由かつ大胆な発想で今後必要な政策について、17年夏以降、議論を重ね、それを提言という形で取りまとめたものです。

　また本提言は今回の出版企画テーマである自動車の"CASE"とも関わりが深く、環境行政的視点で見たCASE活用の将来性が織り込まれておりますので、この場を借りて、その提言内容をご紹介いたします。

2　背景と問題意識

　昨今、世界の大きな潮流として、あらゆる分野における共通の目標として「SDGs（持続可能な開発目標）」が明確に掲げられるようになり、世界経済の規範が大きく変化しつつある状況にあります。また、世界的な気候変動問題の急速な台頭を受け、「パリ協定」が発効されました。SDGs達

成や脱炭素社会に向けた社会・経済システムの変革が不可避となるなど、今後数十年にわたる社会経済活動の方向性を根本的に変える「ゲームチェンジ」の動きが加速化しています。

　こうした重要な変化を機敏に捉え、アップルやフェイスブックのようなグローバル企業の「RE100」プロジェクトへの早々の参画、「ESG（環境・社会・ガバナンス）投資」を通じた再生可能エネルギー（再エネ）等への急速な投資拡大、イギリス・フランス政府による2040年までのガソリン車・ディーゼル車の販売禁止宣言やダイムラーの「CASE戦略」に象徴されるように、世界は次々に脱炭素にかじを切り始めています。その一方で、日本において、こうした取り組みは非常に限定的なものにとどまっているのが現実です。

　ダイムラーの方針表明以降、大手自動車各社は同様の戦略を次々と打ち出しています。自動車を製造・販売する会社から、クルマを移動するための手段としてサービスを提供する会社に変わる、という意思表示と捉えられます。わが国の自動車産業は個々の車全体の仕上がり、作り込みを重視する傾向が強く、グローバルに高信頼性、低燃費、ハイブリッドといったイメージを世界に浸透させてきました。その一方で、現行で成功している分だけ、柔軟な対応を取り難い傾向があり、政府、産業界が一体となった早急な対応が必要です。なぜならグローバルで競争するグローバルカンパニーにとって、国際競争力を失うことはグローバル市場から排斥されることにほかならないからです。ご存知の通りわが国の自動車メーカーはグローバルカンパニーであり、またわが国の産業界を代表するリーダーです。自動車産業における国際競争力の低下はわが国の経済力の低下に直結するため、国際競争力を維持・向上させる取り組みの加速が必要です。

　国際的な変革の流れに後れを取りつつある日本ですが、昨今、世界の潮流と整合する新たな国内政策の「芽」が次々と発信され始めました。本年6月4日に開催された未来投資会議において、安倍総理大臣からも、「もはや温暖化対策は、企業にとってコストではない。競争力の源泉である」とのご発言があり、「環境と成長の好循環というパラダイム転換」の必要

性が指摘されました。

　今、必要なことは、世界の潮流に乗り遅れることなく、日本においてもようやく意識醸成がされ始めた脱炭素に向けたモメンタムをチャンスと捉えること、そして、このチャンスを逃すことなく柔軟な発想の下でのスピード感をもった政策アクションを実行していくことと考えています。

3　自動車CASE活用による脱炭素イノベーション

　人口減少をはじめとする、今後社会が直面する重大な課題に対応しながら、同時に脱炭素社会を実現するためには、地域における電気やガス、熱等のエネルギーの統合的制御や電気自動車（EV）の持つ大容量バッテリーを活用した再エネ需給調整、自動車CASE活用による地域交通網の脱炭素化などの「社会インフラ」の抜本的なイノベーションを早期に起こすことが不可欠だと考えています。

　温暖化対策における最も明確かつ重要な政策目標は、2050年温室効果ガスの80％削減であり、それを実現する脱炭素社会の構築です。そのためにはDecarbonization（脱炭素化）の潮流のみならず、Depopulation（人口減少）、Decentralization（分散化）、Deregulation（自由化）、Digitalization（デジタル化）といった既存の社会経済システムを大きく変えていくであろう社会トレンド（五つのD）もしっかりと視野に入れておくことが不可欠です。

　これら五つのDのトレンドを踏まえて2050年にあるべき社会を考える際、大半の「社会インフラ」の動力源については、地産地消・自立分散型エネルギーであることが最適であると考えています。また、地産地消・自立分散型エネルギーとしては、太陽光、風力などの自然変動電源（VRE）がその中心になるでしょう。

　しかしながら、再エネ供給量はあっても電気の安定供給のため出力抑制または制御が行われ、そのポテンシャルを最大限発揮できているとは言えない状況が既に顕在化してきています。ポテンシャルを生かすために自立分散型であることと、エネルギーを「貯める」、そして必要なところに

「融通する」ことが重要なのです。

　ここで注目すべきが、EVの持つ驚異の蓄電ポテンシャルです。EVのもつ蓄電機能は、大規模蓄電池の課題であるコストと用地の問題を同時解決することが出来ます。EVは、一般消費者に自動車として購入されるため、自治体や民間企業がコストや用地を準備する必要がない上、自家用車が停車している割合は、全時間帯を通じて90％に達することがわかっています。停車時のEVを地域で共有し、その蓄電機能を地域のエネルギーマネジメントに活用する仕組みを構築することができれば、社会全体で大規模蓄電池の課題の解決につなげることが可能なのです。まさに、発想の転換です。

　昨今、自動車業界にCASEというトレンドが生じています。電動化だけではなく、コネクティッドカーや自動運転、カーシェアやMaaSといったビジネスの新たなトレンドが注目されています。こうした自動車の世界で起きている世界的なトレンドは、人口減少などにより弱体化しつつある地方の公共交通を見直すきっかけとなるでしょうし、上述の地域エネルギーマネジメントにも親和性が高いものです。自動車CASEのトレンドを活用し、自動車を単なる個人所有のモノとしてではなく、蓄電機能や公共の足を社会に提供する、公共財としての「社会インフラ」の一部と捉え直すことで、電力業界と自動車業界の融合（セクターカップリング）による新ビジネス創成や地域主導による社会インフラシステムのイノベーションの火付け役を担わせることが出来るのではないかと期待しています。まさに、「自動車CASEが社会インフラのイノベーションを引き起こす」のではないでしょうか（次ページ図1参照）。

　また、新技術を活用することで、自動車CASEをさらに社会の中で脱炭素イノベーションにつながる形で活用することが可能です。例えば、再エネの固定価格買取制度（FIT）の開始により急激に普及した、個人宅での太陽光発電等の再エネは、来年よりいよいよ順次、買取期限の終了が始まります。買取期間終了後も、本来それ自体として環境価値のある再エネについて、その環境価値を社会として適切に評価していくことが必要で

第2章 霞が関の取り組み

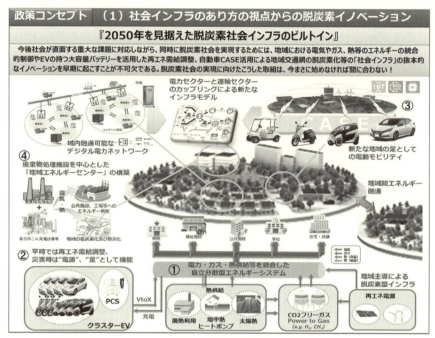

図1　政策コンセプト(1)社会インフラのあり方の視点からの脱炭素イノベーション
出典：政策提言『脱炭素イノベーションへの挑戦』

す。そのためには、AI／IoT／Big Data解析／5Gなどの先端情報通信技術やブロックチェーン技術などの「新技術」を活用し、コンシューマーを"プロシューマー"へ変貌させつつ、再エネを社会に浸透させていくアプローチが必要です。

　従来、自家消費される再エネは、それ自体として当然にエネルギーとしての価値に加えて化石燃料を使用しないという環境価値のある電源であるにも関わらず、技術的な面からも、社会においてその環境価値を適切に評価することが困難でした。しかし、情報通信技術の活用により、先述したような地域のエネルギーマネジメントのエネルギー供給源として取り込むことや、ブロックチェーン技術との連携により、自家消費される再エネの環境価値を顕在化させることが可能となってきています。

　事実、環境省では2018年6月に、個人宅での太陽光発電の自家消費量を

計測し、その環境価値を、電動バイクを充電中の別の個人に遠隔移転するというリアルタイム P2P（Peer to Peer）取引を、ブロックチェーン技術を用いて記録するライブデモに成功しました。自家消費される再エネの環境価値を適切に評価していくことで、新たな脱炭素ビジネス市場を構築する可能性があるのではないでしょうか。こうした取り組みの先に、これまで、消費者として電気を購入し消費していた私達「コンシューマー（消費者）」が電気を消費しながら同時に創出もする「プロシューマー」となり、再エネが有機的に社会に浸透している未来像が見えてくるのではないかと考えています。

　その他にも、希少資源を含むリチウムイオンバッテリーの資源循環を可能とするスキームの構築や次世代バッテリー等の要素技術の開発も必要です。こうした資源循環スキーム構築や次世代バッテリーの研究開発を継続することで、市場に蓄電機能を大量にストックさせることにも一役買うことになるであろうし、コストの低減にもつなげることが可能となります。

　再エネで蓄電されたEVは、走行時の排出ガスが限りなくゼロに近づくため、運輸部門からの二酸化炭素排出量の削減に大きな貢献が期待されており、また、その蓄電機能を社会インフラとして還元（プロシューマー化）することで、再エネのポテンシャルを引き出すことができるため、環境行政的視点で見ても非常に大きな意味を持ちます。

　脱炭素社会の構築のためには、上述した脱炭素イノベーションを一過性の取り組みに終わらせるのではなく、社会に根ざした持続可能なものにしていくことが重要です。そのためには、こうした取り組みをビジネスモデルに発展させ、地域活性化やグローバル展開を視野に入れた脱炭素ビジネス創出につなげていく、「ビジネス」のイノベーションが必要です。

　このような「脱炭素ビジネス」を成立させ、それを契機として地域を活性化させるためには、脱炭素ビジネスを担う地域のプレイヤーや脱炭素ビジネスへの積極的な資金の流れ、脱炭素ビジネスが評価される革新的なマーケット・メカニズムの創出が不可欠です。

　例えば、グリーンボンドなどのESG金融を積極的に活用しつつ、地域

第2章　霞が関の取り組み

図2　地域内総生産に対するエネルギー代金の収支比率
出典：『我が国の温室効果ガス排出量及び炭素・エネルギー生産性の現状等』（カーボンプライシングのあり方に関する検討会（第三回）配布資料　2017年8月1日）

で既にインフラ事業を担っているプレイヤーに新たなビジネスに挑戦してもらうことや、地域新電力やまちづくり会社等のプレイヤーにこうした役割を新たに担ってもらうことなどが考えられます。

さらに、提言では、「脱炭素ビジネス」が地域課題を解決する切り札になると提案しています。

地域内総生産に対するエネルギー代金の収支を見ると（図2参照）、9割以上の自治体において、エネルギー収支が赤字になっています。これは見方を変えると、エネルギーを地産地消し、かつ、そのサービスを地域の会社が担うことで、地域の財政収支を大幅に改善し、経済的メリットをもたらすポテンシャルが極めて高いことを意味しています。その上、地産地消電源は、都市部よりも地域において豊富であることから、こうしたエネルギーを核とする「脱炭素ビジネス」を地方で興すことは、脱炭素社会と地域活性化の同時解決を可能とするキービジネスになるのではないでしょ

うか。

4 おわりに

　日本が今後もSDGsを踏まえた成長を続けながら、脱炭素に向けた取り組みをリードしつつ、人口減少・高齢化などに伴う喫緊の社会的課題を解決していくためには、長期的な視点も踏まえつつ、イノベーションによる社会経済システムの大胆な変革を通じた「産業の国際競争力の強化」と「地域循環共生圏の実現」が不可欠です。

　そのためには、お金・人・モノといった資源の配分の戦略的な「シフト」の加速化が今まさに必要です。こうした視点からも、既存の枠組みにとらわれない自由で柔軟な発想によるチャレンジングな政策推進が必要だと考えています。

第3章

先進自治体の取り組み

- 愛知県知事　大村秀章 …………………………… 70
  愛知県における自動運転実現に
  向けた取り組みについて

- 広島県知事　湯﨑英彦 …………………………… 78
  2030年、「広島を自動車の聖地に」
  するため、産学官の連携組織を設立

- 浜松市長　鈴木康友 …………………………… 86
  "イノベーションのまち" 浜松が
  次世代自動車の発展を牽引

第3章　先進自治体の取り組み

愛知県知事　大村秀章

愛知県における自動運転実現に向けた取り組みについて

――愛知県の自動車産業の現状について教えてください。

大村　「目的地をセットすれば、人が運転しなくても、自動で目的地へと運んでくれる、ロボットの頭脳を搭載した乗り物が誕生するだろう。」

　ロボット工学3原則で知られるSFの大家アイザック・アシモフは、1964年に著したエッセイ「2014年の世界博覧会」の中で、50年先の未来にはそんな夢の乗り物が誕生することを予言していました。

　東京オリンピック・パラリンピックが開催される2020年をキーワードとして、まさに、彼の予言が現実になる世界、自動運転社会が訪れようとしています。世界有数の自動車産業の集積地である愛知県がその先頭に立って実現を目指すべく、現在取り組んでいる内容についてご紹介します。

　自動車産業は、愛知県はもとより、わが国の経済と雇用の基盤を支える、極めて重要な基幹産業です。愛知県には、トヨタ自動車㈱や三菱自動車工業㈱といった完成車メーカーや㈱デンソー、アイシン精機㈱といった関連する大手部品メーカーなど自動車関連企業が数多く立地し、まさに世界有数の自動車産業の集積地を形成しています。

　愛知県の製造品出荷額等は、2016年の工業統計調査によりますと、約45兆円と他の都道府県を凌ぐ圧倒的な規模で、1977年以来40年連続日本一となっており、「産業首都あいち」として、世界をリードする日本一の産業革新・創造拠点の役割を担っています。

愛知県知事　大村秀章

　この中で、愛知県の自動車産業は、県内製造品出荷額等の半分以上を占めており、自動車産業の動向が県経済全体に与える影響は極めて大きいものと考えられます。

　また、愛知県は、自動車を中心とした交通社会が形成されています。具体的には、愛知県を含む中京都市圏は、東京や京阪神に比べて自動車の利用割合が高く、6割を超えており、近年、その傾向が高くなっています。自動車の保有台数も527万台と全国一、道路面積も全国2位などとな

□ 日本一の自動車産業の集積

愛知県の製造品出荷額等は、44兆9090億円（2016年）と、2位（神奈川県　16兆2882億円）以下を大きく引き離す。**40年連続で日本一。**

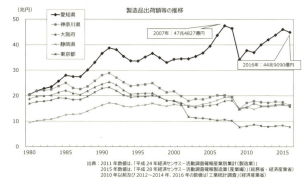

□ 車を中心とした交通社会

他の大都市圏に比べ、移動手段として車への依存度が高い他、車両の保有台数も多く、道路網も整備。

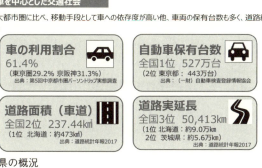

愛知県の概況

愛知県知事
大村　秀章（おおむら　ひであき）

1960年愛知県碧南市生まれ、西尾高等学校卒業、東京大学法学部卒業。82年農林水産事務官、96年衆議院議員初当選、2000年同2期目、01年経済産業大臣政務官、02年内閣府大臣政務官、03年衆議院議員3期目、05年同4期目、06年内閣府副大臣、09年衆議院議員5期目、10年衆議院決算行政監視委員長、11年愛知県知事、15年同2期目。

っており、生産のみならず利用の面からも、愛知県は日本一の自動車立県となっています。

　この愛知県の基幹産業である自動車産業が、将来にわたり、競争力の優位性を維持し、さらに拡大していくことは、本県の産業振興や地域経済において極めて重要な課題と考えられ、その対応は県政の最重要課題の一つとなっています。

　こうした中、自動車産業を取り巻く環境は、コネクテッドカーや自動運転の実現による安全性や利便性の飛躍的な向上、電動化に伴う産業構造の転換、シェアリングによるクルマの所有から利用サービスと、これまでの産業を根底から覆す技術の発展を背景として、まさに100年に1度の大きな転換点に差し掛かっています。

　これらは、CASEと称されており、2016年のパリモーターショーにおいて、独ダイムラー社が提唱したことが契機となり、注目を集めています。

　とりわけ、次世代自動車のキーテクノロジーである自動運転については、一層の技術革新・市場拡大が見込まれることから、近年、自動車関連企業に留まらず、IT企業や電機メーカーなど異業種からの参入が相次いでおり、技術開発競争が急速に拡がっています。

——愛知県では次世代の自動運転実証実験も実施されています。詳しく教えてください。

大村　自動運転は、高齢化が進む中山間地域、離島などの交通不便地域や高度経済成長期に整備された高齢化が進むニュータウンなど、従来の公共交通サービスの維持が困難な地域に対応した新たな移動サービスの創出、交通事故を始めとするさまざまな交通課題の解決に寄与することが期待されています。

　こうしたことから、国においては2018年6月に策定した「未来投資戦略2018」において、世界に先駆け、自動運転および公共交通全体のスマート化を含む「次世代モビリティシステム」の実現を掲げ、東京オリンピック・パラリンピックが開催される2020年を目途に、公道での地域限定型の無人自動運転移動サービスを開始し、2030年までに全国100カ所以上で展

開することなどを目指しております。

　具体的には、ラストマイル自動運転サービスや中山間地域における道の駅等を拠点とした自動運転サービスの実現を目指し、関係省庁が主体となった実証実験が全国各地で展開されるとともに、実用化の際に必要となる各種法規制の見直しや法制度の整理に向けた動きが加速しております。

　自動運転が愛知県の自動車産業および地域経済に与える影響は極めて大きいものと考え、こうした国の方針に連動する形で、愛知県自らが主体となって、自動運転の実証実験を先導的に実施し、民間事業者や市町村等とのネットワークを構築しています。

　具体的には、2015年度に国家戦略特区の区域指定を受け、区域方針の「事業に関する基本的事項」に「自動走行等の近未来技術実証のための制度整備」が位置付けられており、この中で自動運転の実証プロジェクトを提案しています。このプロジェクトは、道路交通法の規制を緩和し、無人自動運転車両を活用したタクシーの旅客サービスや無人配送サービスなどの実現を目指した実証を行うものです。

　特区における具体的な規制緩和のメニューについては、国において議論されているところであり、愛知県としてこのプロジェクトを推進するため、2016年度から自動運転の実証実験に取り組んでいます。

　2016年度は県内15市町、17年度は県内10市町において、全国に類例のない公道を活用した大規模な実証実験を積み重ね、終了した25カ所の実証路線の総延長は約63キロ、総実走距離は3500キロを超えています。

　2017年度は、最新の技術開発動向を踏まえ、国の規制緩和の動きに連動し、遠隔型自動運転システムを活用した実証実験を実施しました。中でも、2017年12月には、幸田町においてわれわれが目標としてきた、全国で初めての一般公道における遠隔型自動運転の実証実験を成功させたのを皮切りに、春日井市、名古屋市においても実施し、まさに自動運転社会の到来を、ここ愛知から全国に発信する契機となりました。いずれの地域においても、私も試乗しましたが、実証実験を積み重ねるたびに安定感が増してきており、技術の着実な進歩を実感し、まさに近未来のモビリティ社会

第3章　先進自治体の取り組み

遠隔型自動運転実証実験の様子
（上段：幸田町、下段：春日井市）

の到来を予感させる体験でした。

　この実証実験には、愛知県ならではの特徴があります。一つ目は実証体制です。

　自動運転に必要となる高精度3Dマップの作成技術を持つアイサンテクノロジー㈱（本社：名古屋市中区）に事業を委託し、当該企業を中心として名古屋大学発のベンチャー企業である㈱ティアフォーやアイシン・エィ・ダブリュ㈱、名古屋大学など当地域に拠点を有し、自動運転関連の技術を持つ企業・大学が連携する体制をとっています。

　二つ目は実証エリアです。山間地や住宅団地など、道路・交通環境が異なるさまざまなルートで実施していますが、いずれも市町村の主体的な協力を前提としています。

　それぞれの市町村において、現在抱えているさまざまな社会的な課題、例えば高齢者の買い物、通院支援、過疎地等交通不便地域の解消、観光客の回遊性の向上などのために、将来的に自動運転による新たな移動サービスの導入が期待される具体的なルートを提案いただいています。また、愛知県の実証実験の成果を踏まえ、今後、市町村自らが自動運転の実証実験につなげていく他、地域の交通事業者等関係者と連携しながら、実用化に向け継続的な取り組みを行っていただくことを前提に参画いただいています。

　こうした愛知県の実証実験を契機とし、市町村自らの取り組みにつながっている事例があります。代表的なところで申し上げますと、春日井市です。同市には日本三大ニュータウンの一つである、高蔵寺ニュータウンがあり、1968年に入居が開始され、2018年に50年を迎えます。入居者の高齢

化が進み、地形的にも起伏があり、近い将来、外出の機会の減少が危惧されていることから、市としても自動運転を含めたニュータウン版の次世代モビリティサービスの社会実装に向け、交通事業者を巻き込んだ形での検討会の立ち上げやラストマイル型の実証実験を展開しています。

　実用化に向けては、技術の高度化だけではなく、県民の皆さまに安全で便利な技術であると理解していただくことが不可欠と考えており、2017年度は5カ所で延べ136人の皆さまに、自動運転車両に乗車いただき、モニター調査を行いました。

　調査結果としましては、自動運転に期待することとして、高齢者の移動支援や交通事故の削減に多くの期待が寄せられる一方、機械の故障等による事故の発生、事故の責任の所在が不明確など、交通事故が発生した際にその後の事故解決が複雑になることに不安を持っている声が聞かれました。自動運転社会の到来への賛否については、全体として試乗後の方が賛成の割合が高くなっており、実際に試乗することで、自動運転の技術レベルの高さを分かっていただいたものと考えています。

——既存の公共交通とのバランスはいかがお考えですか。

大村　無人自動運転によるバスやタクシーなどの新たな移動サービスが実現することで、今までの交通体系が大きく変化することが予想されます。

　今後、車両のコストダウンが進展すれば、運転手が不要となることに伴う人件費の減少や、稼働率の向上、事故が減少することに伴う保険料の減少など、これまでよりも利便性の向上や低コスト化が図られ、路線網の充実や便数の増加、オンデマンド対応などサービスの拡充につながることが期待されます。

　将来的には、自動運転により、県民の皆さまがいつでも、どこでも、どんな時でも、安全、快適な移動を県内の至る所で実現させていく必要があると考えています。その際は、自動運転車両も含めた多様な移動手段の中から移動のニーズに応じた最適な使い分けができる交通体系が形成されていくことになると考えられます。

　ただし、自動運転の実現は、まずは、交通量や歩行者が少ないなど比較

的走行環境が単純なエリア内において、低速で往復・周回するといった限定的な条件下での導入から始まり、次第に都市、全国へと展開していくことが想定されます。

——これまでの取り組みなどから得られた成果についても教えてください。

大村 これまで実施してきた実証実験を通じて得られた成果として、技術面、社会・制度面、ビジネス面と大きく三つの視点から整理しました。

技術面では、合計25カ所での実証実験を事故や大きなトラブルなく実施できたことが第一であり、この他、トンネルや無信号交差点などの環境においても実証を行うことで、障害物認識等のシステムの完成度を向上させることができました。

また遠隔型自動運転の実用化に向けては、現状の「４Ｇ」の通信環境下では最大１秒程度の通信の遅延があることから、より高度な通信環境の確保の必要性が明らかとなりました。

社会・制度面では、現在実証実験のみ認められている道路運送車両の保安基準の緩和認定措置や道路使用許可の制度について、社会実装の際も一定の条件下での適用の必要性を確認できました。また、県民の皆さまへのモニター調査から自動運転に対する期待の大きさを確認できました。

最後にビジネス面では、遠隔型自動運転による移動サービスの実現に向けては、一人で複数の車両を同時監視できるシステムの必要性やトラブルが発生した場合のサポートサービスの必要性などが確認できました。

——それでは、今後の取り組みや将来展望などについてお聞かせください。

大村 2018年度は、これまでの取り組みをさらに進め、複数台の遠隔型自動運転車両を同時に走行させる実証実験や大容量、超高速、低遅延を特長とする第５世代移動通信システム「５Ｇ」の実験無線局を活用した実証実験を行うなど、自動運転の社会実装を見据えた最先端の実証実験に挑戦してまいります。

こうした愛知県自らの実証実験の推進に合わせて、自動運転を活用した新事業展開を目指す企業と自動運転を自らの地域づくりに生かそうとする市町村との連携組織として、「あいち自動運転推進コンソーシアム」を

愛知県知事　大村秀章

2017年10月に立ち上げております。

2018年8月末現在、企業、大学、市町村等94の機関に参画いただいており、会員間のマッチングによる県内各所での実証実験の促進や自動運転に係る新事業・新ビジネスの可能性や具体化に向けた調査・研究を進めています。

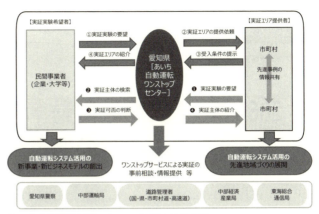

あいち自動運転推進コンソーシアムの枠組み

　自動運転社会の実現は、自動車産業の発展のみならず、交通不便地における移動手段の確保、交通事故問題の解決など、地域経済・社会に与えるインパクトは計り知れないほど大きいものと考えます。

　自動運転の実用化に向けて加速していくためには、技術開発へのさらなる支援はもちろん、ユーザーに対して自動運転が安全で便利な技術であることを理解していただくことが重要であると考えます。引き続き、実証実験を積み重ねていく中で、県民の皆さまに試乗の機会を積極的に提供し、モニター調査を実施していきながら、社会的受容性を高めてまいります。

　加えて、ビジネス化を見据え、これまでの実証実験をより実際のビジネスモデルを想定した形で推進し、県内さまざまな地域に展開していきます。

　冒頭、アイザック・アシモフが予言した自動運転社会は、もうすぐそこにある未来であると確信しています。自動車産業の一大集積地である愛知県が引き続き、日本そして世界をリードする存在であり続けるため、今後とも、常に時代の最先端を行く取り組みに挑戦してまいります。

——**ありがとうございました。**

第3章　先進自治体の取り組み

広島県知事　湯﨑英彦

2030年、「広島を自動車の聖地に」するため、産学官の連携組織を設立

——まずは、湯﨑知事、広島県での自動車産業の現状からご説明いただきたいのですが。

湯﨑　本県における自動車産業の位置付けは非常に大きく、鉱工業の出荷額ベースで全体の約3割に上ります。雇用面から見ても、マツダ㈱をはじめ周辺企業、サプライヤーまでも含めると本県全体の2割に迫る状況で、経済的にも社会的にも大きな産業だと言えます。従って、自動車産業が将来にわたって競争力を発揮し続けることが、本県産業において非常に重要だと認識しています。

——現在、自動車産業は、100年に一度の大変革期を迎えていると言われていますが、湯﨑知事はどのようにお考えですか。

湯﨑　確かに、今後自動車の大半がEV化していくとか、エレクトロニクス化することによって、ベースになる自動車の部品点数が大きく減り、サプライヤーが大きな影響を受け、自動車産業全体に大きなインパクトを与えるのではないかという指摘がよくされるようになってきました。ただ、私が思うに、遮音だとか、あるいは足回りなど、車の快適性や安全性に関わるニーズはますます高まり、深化していくように思えます。そもそも人が移動するニーズはなくならないわけですから、新しい時代にマッチした自動車やサービスによって競争力を生み出すことができると見ていますし、自動車産業に対する研究開発は人間工学やRT（ロボット技術）、低

炭素化など新しい分野の技術開発にも寄与する可能性もあると考えています。

——なるほど。

湯﨑　そこで、本県では、2030年に広島を自動車の聖地にするという目標を掲げ、2015年6月に、広島大学、マツダ㈱、広島市などと連携し、「ひろしま自動車産学官連携推進会議（ひろ自連）を設立しました。サプライヤーをはじめ中小企業にも積極的に参加してもらって、人材育成や技術的な競争力を高めるプラットホームとして活用していただきたいと期待しています。

自動車を軸にした産学官の連携組織「ひろ自連」を設立

——「ひろ自連」のような産学官の連携組織というのは、全国的にも非常に先進的な事例と思えますが、もう少し詳しく教えていただけますか。

湯﨑　まず理念として「2030年産学官連携ビジョン」を掲げ、①広島を自動車に関する独創的技術と文化を追い求める人々が集まり、世界を驚かせる技術と文化が持続的に生み出される聖地にする②産業・行政・教育が一体になり、イノベーションを起こす人財をあらゆる世代で育成することにより、ものづくりを通じて地域が幸せになる③広島ならではの産学官連携モデルが日本における「地方創生」のリードモデルとなり、世界のベンチ

広島県知事
湯﨑　英彦（ゆざき　ひでひこ）

1965年生まれ、広島県広島市出身。広大附属高等学校、東京大学法学部卒業後、90年通商産業省（現・経済産業省）入省。95年スタンフォード大学経営学修士（MBA）取得。同年資源エネルギー庁原子力産業課課長補佐、97年通商政策局米州課長補佐、98年米国ベンチャーキャピタルイグナイト・グループ出向、2000年3月㈱アッカ・ネットワークスを設立。代表取締役副社長に就任。09年11月より現職。現在、3期目。

第3章　先進自治体の取り組み

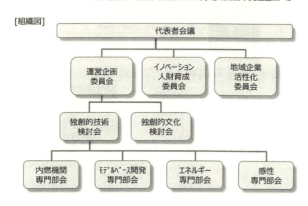

マークとなる――ことを目指しています。

――同ビジョン実現のため、「ひろ自連」では具体的にどのように進めておられるのか、組織体制についても教えてください。

湯﨑　代表者会議を頂点として、運営企画委員会・イノベーション人財育成委員会・地域企業活性化委員会などで構成していますが、実行部隊として運営企画委員会の中に内燃機関専門部会・モデルベース開発（MBD）専門部会・エネルギー専門部会・感性専門部会を設け、サプライヤーをはじめ、関連する中小企業にも参加していただきやすいような体制を整えています。

――なるほど。**各部会に分かれ、具体的なテーマに取り組んでおられる**、と。

湯﨑　例えば内燃機関専門部会では、広島大学、マツダ㈱と内燃機関に関する世界最先端の研究を行っています。研究を通じて世界をリードする人材を育成していくのが狙いです。内燃機関に応用できるサプライヤー、中小企業の研究・開発力の向上を支援しています。

MBD専門部会では、地域のものづくり企業、エンジニアリング企業、大学／研究機関の3者が独創的技術の共創に挑戦し、世界を驚かせる技術を生み出していくことを目標にしています。経済産業省が設置する「自動

広島県知事　湯﨑英彦

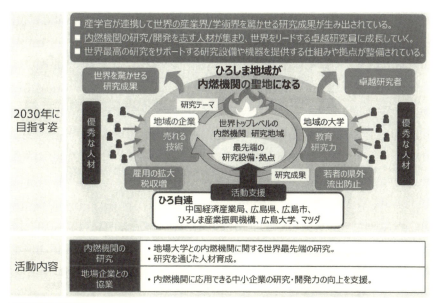

内燃機関専門部会

モデルベース開発専門部会

車産業におけるモデル利用のあり方に関する研究会」にも参画し、「モデル作成ガイドライン」や「車両性能モデル」の開発にも関わっていきたいと考えています。

　感性専門部会は、マツダ㈱の感性技術の研究開発と広島大学の感性基礎研究を核に、脳ネットワークによる感性の可視化と感性ストーリーによる社会実装実現に向けた取り組みを実施しています。また、広島大学の感性リサーチコンプレックスを具体化し、さまざまな産業への感性開発の展開を目指しています。

　エネルギー専門部会は、サスティナブルな自動車社会を実現するために、内燃機関自動車での CO_2 削減を目指し、Well-to-Wheel での CO_2 排出量評価の認知を促進し次世代バイオ燃料の普及支援なども展開します。次世代バイオ燃料の地産地消に向けた実証事業も行いたいと考えています。

――「ひろ自連」が設立して3年が経過されていますが、現在までのところ、湯﨑知事はどのような手応えを感じておられますか。

エネルギー専門部会

広島県知事　湯﨑英彦

感性専門部会

湯﨑　ここまでは、マツダ㈱を中心とした民間企業や、広島大学をはじめとする研究機関とも、お互いに大変良い関係が構築できていると考えています。「ひろ自連」は、2020年に向け、県内外に価値ある提案ができる世界レベルの地域企業の育成を目指していますので、まずはこの目指す姿に向けて努力していただきたいと願っています。

過疎地で高齢者の移動を支援するシェアリングの実証実験をスタート

──2018年秋、貴県と県北部の三次市、マツダ㈱が中山間地でシェアリングの実証実験を行う予定だと聞きました。過疎地で高齢者の移動を支援する仕組みの構築は、全国でも大きく注目されています。

湯﨑　公共交通の維持が厳しくなっている中山間地域や過疎地と言われている場所で、モビリティを確保することは、行政にとっても非常に重要なテーマです。今回の実証実験では、マツダ㈱に自動車を提供してもらうほか、アプリを開発していただき、スマートフォンやタブレット端末を使っ

第3章　先進自治体の取り組み

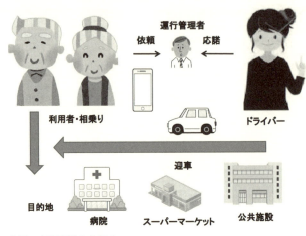

今回の実証実験の仕組み

て、通院や買い物に利用してもらう予定です。料金設定や運転手の確保などは現在関係者と調整しています。

――既存の公共交通との関係は、どのように考えておられますか。

湯﨑　有償での相乗りということになりますと、道路運送上の規制に引っ掛かってしまうという課題がありますが、今回はあくまで、システムを構築したいというのが狙いです。もちろん、将来は規制緩和も視野に入れつつも、今回の実験では通信会社と協力してアプリを活用した仕組みなどの構築を優先させたいと考えています。

マツダ㈱との良好な関係を背景に

――「ひろ自連」のご説明やカーシェアリングの実証実験の話を伺っていますと、貴県にとってはマツダ㈱の存在が非常に大きいように思えます。同社には、この本にも先進企業として登場してもらっていますが（180P参照）、「地域に積極的に貢献したい」と話されていました。

湯﨑　マツダ㈱は、大正時代の設立で、当初はコルクを製造する「東洋コルク工業」という会社でした。その後「東洋工業」に名称を改め、1931年に三輪トラックの生産を開始し、自動車産業に進出しました。

――他の自動車メーカーに比べると、後発の印象ですが、当初はトラックの生産が中心だったのですね。

湯﨑　戦後、同社は、乗用車などの製造に乗り出し、67年に世界で初めて

広島県知事　湯﨑英彦

ロータリーエンジンの量産化に成功します。これが大きなきっかけになり、同社は高度成長し、モータリゼーションの波にも乗って総合自動車メーカーとして地歩を確立していきます。

一方、戦争によって本県の県民所得は

宇品乗用車専門工場（昭和55年撮影）（マツダ㈱提供）

大きく落ち込み、1950年に入っても本県の県民所得は、全国平均の8割弱の水準にとどまっていました。そこで、本県は51年に「広島県生産構想」を策定し、商工業の振興や交通網の整備など四つの重点項目を掲げ、県民所得を全国水準まで引き上げるよう目標を設定しました。具体的には、臨海工業地帯の造成などにより、工業化を進めていくという内容でした。

マツダ㈱の前身の東洋工業が、67年に本県の造成した臨海工業地帯の一角、広島港東部埋め立ての工場用地を譲り受け、ここに総工費106億円をかけて大規模工場を建設するとともにサプライヤーも周辺地域に立地し、自動車一貫量産工場地帯が出来上がったわけです。

——戦後、マツダ㈱を中心とする自動車産業が貴県における基幹産業として位置付けられてきた歴史がよく分かりました。

湯﨑　戦後、本県の工業は、自動車産業だけでなく、鉄鋼や造船なども大きな役割を担いました。その後、高度成長期、国際化など国の産業構造が変革していく中で、本県の産業振興の方向性も大きく変化してきましたが、こうした中で、自動車産業は一貫して、本県にとっての中核産業であり続けてきましたし、本県の将来を見据えましても、広島を自動車の聖地にすることに大きな意義を感じています。

第3章　先進自治体の取り組み

浜松市長　鈴木康友

"イノベーションのまち"浜松が次世代自動車の発展を牽引

——まずは、浜松市のことについて教えてください。

鈴木　政令指定都市である浜松市は、市域面積が全国第2位であり、人口は80万人を超えています。このまちは日本有数の"産業のまち"として歴史を刻んできました。江戸時代の頃から綿栽培や養蚕が盛んで、そこから綿織物、つまり繊維産業が興りました。そして、綿織物から織機の製作が始まり、やがて自動織機へと発展しました。これらの技術が土台となって、スズキやヤマハ発動機などの輸送用機器メーカーが創設され、浜松をはじめ、静岡県西部地域に輸送用機器産業が生まれ、発展していきました。また、木材加工の技術が楽器製造につながり、ヤマハが創設されるなど、まさに浜松市は「イノベーションのまち」なのです。

政令指定都市は全国に20都市ありますが、そのうち15都市は県庁所在地です。静岡県では静岡市が該当します。考えてみれば政令指定都市に県庁所在地が多いのは当然で、行政機能が集中する点だけをとっても、発展の要素として、大変恵まれた環境と言えます。一方、県庁ではない政令指定都市には、川崎市、堺市、相模原市などがありますが、これらは東京・大阪という大都市の近郊に位置し、やはり恵まれた環境にあります。一方、県庁もなく、近隣に成長を牽引する大都市もないのが、北九州市とわが浜松市です。両者に共通しているのは産業都市ということですね。一地方都市がここまで発展することができたのは、まさに産業の力の賜物なので

す。これは、われわれ浜松市民の誇りであり、昔も今も産業政策は浜松市政の一丁目一番地なのです。

――浜松市では世界的企業が驚くほど多く誕生しています。なぜ浜松でこれほど多くの企業が育まれたのでしょうか。

鈴木　浜松市民の気質を表す言葉に、「やらまいか精神」があります。「あれこれ考え悩むより、まず、やってみようじゃないか」というチャレンジスピリットを表す言葉です。これは1980年、経営評論家の梶原一明さんが書かれた『浜松商法の発想』（講談社）で初めて使われました。梶原さんは、なぜ地方都市がこれほど多くの世界的企業の創業者を輩出したのかに関心を持って取材されました。その中で注目したのが「やらまいか精神」で、これが、浜松市には息づいているというのです。

　私もその通りだと思いますが、さらに思うのは、浜松市は非常に開放的なまちで、外から来た人たちを排除しないという美点があります。むしろ、外から来た人たちを受け入れて、その活力をうまく使って発展しています。例えば、いまや浜松市の顔になっているヤマハを創業した山葉寅楠さんは、和歌山・紀州藩の武家の出身でしたが、浜松市に移り住んで楽器製造を手掛けました。そもそもこのまちを開いた徳川家康公も、三河（現在の愛知県東部）からやってきた武将です。外から来た人たちが活躍できる、それが浜松市の大きな強みです。閉鎖的、排外的なまちだったら、ここまで発展していなかったでしょう。

浜松市長
鈴木　康友（すずき　やすとも）
1957年静岡県浜松市生まれ。1980年慶應義塾大学法学部を卒業後、松下政経塾に入塾（第1期生）。2000年6月に衆議院議員に初当選（2期）。2007年5月浜松市長に就任し、現在3期目。三遠南信地域（愛知県東三河地域、静岡県遠州地域、長野県南信州地域）連携ビジョン推進会議（SENA）会長。2011年12月から指定都市市長会副会長。

——それは大変示唆に富んだご指摘だと思います。

鈴木 現在は輸送用機器産業がこの地域の経済を牽引していますが、産業構造は時代とともに変遷していきますので、常に新しい産業を興していく必要があります。イノベーションを起こす、それがわれわれの大きな使命だと思っています。

もちろん、これは行政だけでできることではありません。浜松市は、これまでも民間の力で発展してきました。現在もさまざまな分野で産学官が連携しており、産業支援機関が中心になって、さまざまな取り組みを進めています。

浜松市の30年後の理想の姿を展望する「浜松市総合計画」では、都市の未来像として、市民協働で築く「未来へかがやく創造都市・浜松」を掲げています。30年後の理想の姿というのは、創造性と安定性を兼ね備えた浜松市の産業が世界経済を支える姿です。この将来像を具現化する産業分野の個別計画が、「はままつ産業イノベーション構想」です。

基本方針として、既存産業の高度化・高付加価値化、ブランド化を図るとともに、自動車や楽器など既存のものづくり技術に、本市の強みである光・電子技術、IT技術などを融合させ、新たな産業を創出するなど、複合的な産業構造への転換を目指しています。このため、次世代輸送用機器、光・電子、健康・医療、環境・エネルギー、デジタル・ネットワーク・コンテンツ、新農業の6分野を重点的な成長分野として位置付けるとともに、業種や分野を超えたイノベーションを促進し、新技術・新商品の開発、新市場の開拓を促していきます。

——「構想」内の次世代輸送用機器について詳しくお聞かせください。

鈴木 自動車については、現在、100年に1度と言われる大激変期にあります。"CASE"という表現で示される「車とドライバー、車とインターネット、ビックデータ、車同士のつながる化」(Connected)、「自動運転化」(Autonomous)、「カーシェアリングなどのサービス」(Shared & Services)、「電動化」(Electric)が進んでいます。特に、車の電動化は、これまでの内燃機関、すなわちガソリンを燃料にして自動車を走らせてい

浜松市長　鈴木康友

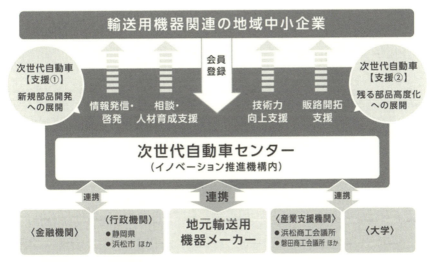

次世代自動車センターの概要

る時代が急速に変わろうとしていることを示しています。当然、産業構造も変わりますから、対応が急がれています。浜松市を挙げて、情報収集を始め、特に影響を受けそうな中小企業に向けた対策を講じていく必要があります。

　その一つとして、今年、次世代自動車センターを設立しました。参加希望企業を会員とし、2018年8月現在、浜松市内外の企業210社が入会しています。同センターは、静岡県西部地域の輸送用機器関連中小企業の固有技術を生かし、次世代に向けた輸送用機器関連産業の持続的な発展を目指すことを目的としています。活動内容として、情報の収集や発信、セミナーや講習会の開催、中小企業が持っている固有技術を洗い出した上で行う技術マッチングの商談会による販路拡大などがあります。特に、金属加工やエンジン関連の部品メーカーにとっては、これまでのビジネス環境とはまったく異なる時代に突入するわけです。自社の持っている技術を今後どう生かしていくか——電動化に対応するのか、あるいは全く別の産業に転換するのか、さまざまな方向が考えられるでしょう。この変革期は、企業にとって大きく変化するチャンスでもあります。

浜松市では「知」を生み出す大学間の連携も積極的に進めています。現在、浜松医科大学と浜松にキャンパスがある静岡大学工学部・情報学部では、「医工連携」を目指した両校の統合・再編を進めています。この連携により、医療現場のニーズと浜松のモノづくりのシーズが結び付いて、医療機器開発などの分野でイノベーションが起こることを期待しています。

　こうした健康・医療などの分野のイノベーションも、次世代自動車に応用できると思います。例えば、ハンドルにセンサーをつけておけば、運転者の健康状態が常に分かり、自動車に乗っている間に健康管理ができます。いずれ浜松発の「走る健康医療器」が開発できるかもしれません。

　現在の浜松市の移動手段は、ほとんどが自動車です。分散型の都市なので従来はバス交通が主流でしたが、自動車の普及とともに、自動車に転換されています。高齢者も「移動は自動車」という方が多いのです。ですから、自動車に乗りながら健康管理もできるとなれば、これは一石二鳥といえます。体調が管理できれば、健康不良による事故も防げます。これはまだ構想の中だけですが、そういうセンサー自体は、すでに開発されていて、自動車などに応用しようという動きもあります。こうした自由なアイデアを実現化していくのが「次世代自動車センター」の役割です。

　――高齢化社会に伴い、中山間地域の交通・輸送手段としても次世代自動車に期待が集まっています。浜松市でも既に実証実験を行っているそうですね。

鈴木　浜松市、スズキ株式会社、遠州鉄道株式会社、ソフトバンクの子会社であるSBドライブ株式会社の4者が提携し、地域住民の移動の利便性の向上等、地域公共交通の課題を解決し、地域および産業の振興と次世代モビリティサービスの創出に資することが可能な、自動運転技術を活用したスマート・モビリティサービスの実用化を図る「浜松自動運転やらまいかプロジェクト」が2016年9月にスタートしました。

　自動運転技術による交通事故削減の他、中山間地域をはじめ市内の公共交通機関の空白地域にこのプロジェクトで得た知見を生かすことで、公共交通手段の確保に役立つことを期待します。

浜松市長　鈴木康友

第1回実証実験の出発式の様子

　2017年12月に、郊外の公共バスの路線が廃止されたルートで、1回目の実証実験を行いました。この実験は、スマートフォンを使った予約システムと運行管理システムを実証するものです。利用者がスマートフォンの特設サイト上で乗車場所や降車場所を入力すると、管制センターや車両に共有されるという仕組みです。

　日本の政令指定都市のほとんどは大都市ですが、浜松市は面積の半分近くが過疎地です。過疎地域を半分も持っている政令指定都市は他にありません。ある方は、浜松市を「国土縮図型都市」と呼んでいますが、人口減少時代の日本の課題を解決するための実証実験にはうってつけだと思います。

　輸送面では基幹病院から、山間地にある診療所に医薬品をドローンで運ぶ実証実験も行っています。現在、サンドボックス制度（現行法の規制を一時的に止める）を活用した自動運転車やドローンの実証実験ができるように、国家戦略特区の提案をしているところで、本市が区域指定された場合には、多様な実証実験ができると期待しています。国にもぜひ浜松市を

第3章 先進自治体の取り組み

実証実験の場として使っていただきたいし、いろいろな提案をお待ちしたいところです。

――**市長はこれまでも人財、産業、文化づくりを目標に、浜松市の発展に貢献してこられました。浜松市の今後の展望を改めてお聞かせください。**

鈴木　すでに申し上げたように、浜松市は産業によって発展してきましたし、今後も産業が要です。もし産業が失われてしまえば、雇用がなくなり、若い人もいなくなってしまいます。そうなると、力を入れてきた保育行政や教育行政も意味をなさなくなってしまいます。輸送用機器産業を中心に、あらゆる産業が次世代に向けて発展してほしい、その環境整備を行政はしっかり進めていきたいと思います。

それから私は、浜松市を「ベンチャーのまち」にもしたいと思っています。実は、浜松市の新規開業率は一時期、全国平均より下になってしまいました。これでは「やらまいか」ではなく「やめまいか」になってしまいます。浜松らしくないじゃないですか。ですから一昨年、浜松市内のベンチャー企業を集めた「浜松ベンチャー連合」というコミュニティを作り、ベンチャー企業の育成と支援に力を入れています。先ほども説明したように、浜松市の地場産業を育てたのは"外から来た人たち"です。外から新しい力を浜松市に呼び込み、活躍してもらいたいと願っています。

浜松市の歴史を考えると、目指すべきは「モノづくりベンチャー」ではないかと思うのです。そういうベンチャーの人たちと既存のモノづくり産業が出会うことで、まさにイノベーションが起きるのではないか。私はそれに期待しています。技術力をもった中小企業や、革新を求めている大企業はたくさんありますから、ベンチャー企業にとってもビジネスチャンスが大きいと思います。学生発、第二創業、大企業からのスピンアウトなど、さまざまな形で起業したベンチャー企業の育成を後押ししていきたい。浜松市を昔のように新しい企業が生まれるまちにしていかないと、既存産業も停滞してしまい、産業全体が力を失ってしまいます。

輸送用機器産業も、これからは内輪だけでやっていくのは不可能でしょう。いかに新しいベンチャーを取り込んで、新しい時代に脱皮していくか

にかかっています。ある自動車トップメーカーの幹部の方に伺った話では、技術開発を完全に自前でやるこれまでの方針を転換し、革新的な技術を持ったベンチャー企業を探して協業することにしたそうです。

　グローバルの潮流を見ても、技術が非連続的に進展する現代では、このようなやり方が主流になるはずです。これからはそういう大企業と中小企業の連携、コラボレーションが大事になると思います。さらに言えば、海外企業と組んでもいいじゃないですか。浜松市の産業政策の一つに中小企業の海外進出があります。浜松市のスズキ、ヤマハなど海外で成功している企業は、地元でも元気です。人口減少下の日本では、国内市場だけで事業をしていると先細りになります。技術を持っている企業はどんどん海外に出ていきます。

　浜松市ではインドネシア、タイ、ベトナムと経済連携協定を結んで、浜松の企業のPR等をしてもらっています。私たちは、日本の一地方都市でジッとしていると生き残れないという危機感を、前進のエネルギーに変えています。私たち行政は、その先陣として、あるいは民間活力を引き出す触媒として、浜松市の産業発展のお役に立っていきたいと思っています。

――**本日はありがとうございました。**

第4章

有識者の解説

- 衆議院議員　山際大志郎……96
  「空飛ぶ車」——実現へ向けて、一歩を踏み出す時
- 衆議院議員　大岡敏孝……104
  日本が先導する、パーソナルモビリティの未来について
- 国立研究開発法人　産業技術総合研究所
  加藤　晋……112
  地方で自動運転が定着していくために
  技術検証だけでなくビジネスモデルの明確化と社会受容性等の側面から四つのモデル地域での実証実験を展開
- 株式会社ワークハピネス　吉村慎吾……124
  地域社会が変わりゆく中、魅力あるまちづくりに必要な要件とは

第4章　有識者の解説

衆議院議員　山際大志郎

「空飛ぶ車」──実現へ向けて、一歩を踏み出す時

先行する米国と、半周遅れの日本

――経済産業省が2019年度予算概算要求に、「空飛ぶ車」実現に向けて45億円を盛り込むとのこと、自動走行運転の実証などが展開されている中、「空飛ぶ車」とは非常に遠い未来のようなイメージがありますが、山際先生は今回の構想についていかがお考えでしょうか。

山際　確かに日本においては時代を先取りした構想のように捉える向きも少なくないかもしれませんが、米国においてはこの「空飛ぶ車」実現に向けた動きはかなり現実的な計画として進んでおり、それに対し日本は、一周遅れとは言わないまでも半周遅れ、ではあるというのが実情です。すでに米国では、FAA（Federal Aviation Administration＝連邦航空局）に対し、「空飛ぶ車」の型式申請を出している企業が何社もあります。一方、日本でFAAに型式申請している企業は一社もありません。そういう意味では、「空飛ぶ車」の実現に向けて日本が動き始めたのは、むしろ遅きに失したくらいであり、決して非現実的な夢の計画でも突飛なプランでもありません。

――正直申し上げて、米国でそこまで進んでいるとは驚きです。

山際　とはいえ技術的な面から見て、日本が先行する米国にキャッチアップできないかと言えば決してそんなことはなく、また当該国内の企業の

み、つまり米国で米国企業のみ、日本で日本の企業のみで実現を図る時代は過ぎたと思います。いろいろな国、分野の企業や関係者が提携し、総合的な力を結集させるべき時代です。その点、経済産業省は「空飛ぶ車」実現に向けて官民協議会を立ち上げました。ここでは霞が関関係省庁に、各分野の日本企業、日本の関連団体、そして米国企業の関係者も参画し、多様な見地から協議を進める方針となっています。今後、「空飛ぶ車」の具体化はさまざまな混合体によって進捗が図られると想定されるため、日本はそのメインプレイヤーとしてポジションを確保することが重要です。そういう意味では、経済産業省が次年度予算にきちんと計上したのは誠に時宜を得ているし、今般の世界の流れから見て至極当然だと言えるでしょう。

——「空飛ぶ車」が空を走るという状況が実現されると、人々の移動はどのような状態になると想定されるでしょうか。

山際 従来型の道路網を車が走り、移動や物流がなされるという基本構造は今後も大きくは変わりありません。加えて、その上空を「空飛ぶ車」が、地上の車同様にA地点からB地点へ向かって空中を走行するという光景になると思われます。

——その場合は、マイカーということに？

山際 現実に米国の配車サービス大手のUber社は「空飛ぶタクシー」として位置付けており、彼らはモビリティそのものを、自社のテクノロジーを駆使してソリューションにしたいと考えています。

衆議院議員
山際　大志郎（やまぎわ　だいしろう）
1968年、東京都生まれ。山口大学、東京大学大学院卒業後、起業。獣医師として動物病院をはじめとする動物関連事業を展開。2003年衆議院議員に当選し、以後当選5回。12年内閣府大臣政務官、14年経済産業副大臣、16年自由民主党副幹事長、18年3月より内閣委員長を務める。

第4章　有識者の解説

　現在彼らが取り組んでいる事例を見ると、西海岸サンフランシスコとシリコンバレーのサンホセを結ぶ交通渋滞の状況などを捉え、その間を「空飛ぶタクシー」で移動するというプランです。彼らは、リアルにタクシーが道路を走っている様子を、膨大なビッグデータとしてあまねく記録しているので、どこからどこまでがどの時間帯にどれだけ渋滞するのか、つまりいつどこに「空飛ぶタクシー」の需要がどれくらい発生するのかAI（人工知能）等で詳細に解析しており、それをもとにサンフランシスコとシリコンバレーの間に拠点をいくつかつくり、どのような「空飛ぶタクシー」をどんな経路で飛ばすべきか徹底的にシミュレーションしています。その拠点は、言ってみれば巨大なヘリポートのようなものだと捉えるべきかもしれません。

　その拠点までUber社による配車サービスで乗り付け、そこから「空飛ぶタクシー」に乗り込み移動、次の拠点で待機していたウーバーの配車に乗り換えて地上の道路渋滞の列を眼下に見下ろしながら空中を走り目的地に向かう、こうした図式をイメージしてもらってよいと思います。

イメージされるのは、マルチコプター

――そうしますと、四輪のタイヤが付いた車が翼を広げて空を飛ぶというよりは…。

山際　どちらかというとプロペラを複数付けた、マルチコプターの方がイメージに近いかもしれません。乗客数も数人ではなくもっと大型の、20〜30人くらいのちょっとしたバスに近い客数を運ぶ可能性もあります。

それくらいの規模になると、拠点の間隔をもっと広げ、都市と都市の間を結ぶくらいの距離の飛行サービスも十分考えられます。

ここまでくると車の走行というより、ほぼ航空の領域に入ってくることになります。道路の道があるのと

空飛ぶ自動車のイメージ　(出典：経済産業省)

衆議院議員　山際大志郎

同様に、空には空の道が現にあり、それがよりきめ細かく敷かれるようになれば、そのルートに従って定期便もしくは配車による「空飛ぶ車」が空を行き交う、そんな近未来像が遠からず現実のものとなる可能性が大いにあるわけです。

トヨタの自動運転試験車を前に

とはいえ「空飛ぶ車」が実現した暁に、既存の車がゼロになるかというと決してそんなことはありません。車は車で自動運転走行などさらなる進化を遂げて、存在し続けることが確実視されています。それにプラスして「空飛ぶ車」が利用されるという、人々のニーズに応じた移動の選択肢が増える、当面はそうした姿を描いておくべきかと思います。

――ここまでお話を聞くと、「空飛ぶ車」がかなりイメージしやすく、かつ現実的な構想であると実感します。車の進化の延長に「空飛ぶ車」があるのではなく、自動車と航空機の中間領域とも呼ぶべき新しい移動手段の出現であると。

山際　そうですね、車がいずれ「空飛ぶ車」に代替されるというわけではなく、車に加え「空飛ぶ車」が新しく世の中に存在するようになり、両方のモビリティが併用される、選択に合わせて人々の移動がより便利になる、それが自然な捉え方だと言えるでしょう。

――機体そのものの運行に関しては革新的な技術を要するようにも思われません。むしろ官民が本腰を入れれば制度面の整備はともかく技術的にはそれほど困難ではないのでは。

山際　同感ですね。「空飛ぶ車」を支えている技術は、比較的シンプルです。例えばマルチコプターであること。ヘリコプターのようにプロペラが一つしかなかったらどうしても墜落するリスクが高くなる上、飛行できる条件が限られてきます。しかしマルチコプターにすることによって墜落リスクを低減させ安全性が大きく向上します。かつ、操縦面も含め取り扱い

も楽になる。また構成する技術要素が少なくシンプルであるほどメンテナンスや部品のコストが安く済むので、その点から見てもプロペラモーターとバッテリーで駆動するマルチコプタータイプによって初期の「空飛ぶ車」を動かすことになるだろうと思われます。十分、技術的に可能な範疇です。

──コストというか、配送するのであれば運賃などの設定はどのように考えるのが適当でしょうか。

山際 例えば、私の選挙区である川崎から永田町まで、直線距離にして20数キロしかないにもかかわらず、車で移動する場合、1時間以上かかることも珍しくありません。しかしマルチコプターならおそらく10分もあれば十分到着するでしょう。国会議員に限らず実業家など、時間をお金で買うという立場の人からすると、仮にタクシーで1万円かかる距離を、同程度の料金で「空飛ぶ車」が使えるならば、間違いなく飛ぶ方を選ぶでしょう。では、その料金が1万5000円ないし2万円ならばどうか。このあたりは市場との対話によって適切な料金体系が設定されるべきものですが、モーターとバッテリーの性能向上と量産化でコスト低減が期待されるので、いずれは料金も妥当なラインに落ち着いてくると考えられます。

その先に想定される、自動運転の「空飛ぶ車」

──日本で「空飛ぶ車」が実現されたとき、指摘されている社会課題の解決に資するものとお考えでしょうか。

山際 車以外の選択肢と手段が増えることで、今われわれが日々悩まされている渋滞の解消には大いに役立つと想定されます。そして渋滞の解消は時間短縮による生産性の向上、事故リスクの低下など多方面の効果が期待されます。

また、混雑の多い都市部を中心に人が移動するのは当然として、同時に交通インフラが道路しかない地方と都市部を、「空飛ぶ車」が結ぶことで新たな移動の手段が確保され、その結果、地方において人が住む範囲が拡大したり定住化を促す一要素になると考えられます。「空飛ぶ車」が都市

と地方、地方と地方をつなぐ交通手段の一つとして確立されれば地方の生活様態に新たな側面を加えることになるのではないでしょうか。そのような未来図をわれわれも思い描いておりますが、まずは都市 to 都市のように先に需要の高いところから、そして個人の所有よりはタクシーやバスのように公共性の高い利用形態から先行させていくのが有るべき順序となるでしょう。

——逆に実現へ向けて課題となる面などはいかがでしょうか。

山際 課題というより、方向性を決めるべきテーマとして操縦士、パイロットの問題があります。現に日米問わず航空需要の高まりで操縦士不足が慢性化しています。仮に「空飛ぶ車」専門の操縦士を確保して実際に一定期間運転してもらうとします。その過程で、飛行データを収集しておけば、それをもとに「空飛ぶ車」実現の次の未来、しかもそう遠くない将来に、AIによる自動運転の「空飛ぶ車」登場が想定されます。ではその場合、操縦士の処遇はいかにすべきか。現段階から長い時間とコストをかけ専門の操縦士を育成したり新たに免許制度を設けるなどしても、技術の進展でそれほどの稼働期間が無いうちに自動運転の「空飛ぶ車」が普及するかもしれない。育成や確保、制度整備の労力に比して操縦士の方に活躍してもらう期間が短くなる可能性が高いのです。それならば最初から自動運転を目指すべきではないか、いや実用化に向けた初期段階はやはり人的操縦が不可欠だ等々、議論が分かれておりその確たる方向性は決定には至っていません。人材を育てなければいけないが、そう長くは必要としない、これはなかなか難しい問題です。

——人の操縦が介在しない無人の「空飛ぶ車」に対して、ことに日本人は安全性に不安を感じるのでは。

山際 その点はあまり心配していません。機体が自在に空を飛ぶドローンを、われわれはすでに許容しています。いずれドローンによる配送サービスが始まり日常の利便性が高まった時に社会はそれを受容するでしょうから、「空飛ぶ車」も運行において一般住宅地の上空を避けるなど安全性の高いルートを設定すれば人々の不安解消につながると思います。むしろ空

には道路のような障害物や信号、歩行者などがいないので車より容易にかつ安全に自動運転が実現できると考えられます。

"下請け化"を避けるため、グローバルな展開を念頭に

——その他、将来において考えうる課題などは。

山際 どんなに量産化体制が構築できても、年間に車と同じ台数を製造・販売できるわけではありません。そうすると、需要の高まりはあるにしても国内需要だけでビジネスベースに乗せられるのか問われることになるでしょう。モノづくりだけの観点ではおそらく採算が取れません。従って、モノづくりからオペレーションサービスまで一貫した経営体制を取らない限り、利益を生み出す仕組みがつくれないと思います。日本の自動車メーカーは世界の競争に勝ち残っている数少ない業界であり海外展開のノウハウも十分有していますが、航空領域に踏み込んでくるとレギュレーションが変わってくるのでそれに合致した対応を取らねばなりません。残念ながら、日本の航空当局のレギュレーションでは世界に通用せず、だからこそ海外からFAAに申請しているわけです。すなわちビジネスの場を日本国内だけではなく最初から全世界を視野に入れた競争として捉える必要があります。しかし私は、これは日本企業各社の豊富な知見で十分クリアできると考えています。

もう一点、むしろ問題だと思うのが日本企業の根強い自前主義です。モノづくりの分野は自前の優れた技術で完結しても良いと思いますが、IT制御からサービスまでトータルで捉えるならば自前の技術だけでは限界があります。「空飛ぶ車」はモノづくりだけのビジネスモデルでは通用しないのです。そうすると、危惧されるのは米国Uber社のように配車サービスのノウハウを有する企業に利益の大半を囲い込まれ、日本企業は発注されたモノを収めるだけの下請け化してしまう懸念があることです。しかもスペックに見合った技術を有するなら、それがどこの国の企業であろうと発注者は構わないでしょう。つまり将来、「空飛ぶ車」は日本でも需要がありながら、ビジネスとしての成長が期待できないという状況に陥りかね

ません。これを防ぐには、オペレーションまで含め、日本の事業としてどう運営可能となるのか問われることとなり、これは現段階から自動車各社が考えていくべき大変大きな課題だと思います。トヨタ自動車のウーバーへの出資は、この意識を反映してのことでしょう。

――それでは、今まさに重要な岐路に立っているのでは。

山際 間違いなく重要な時期に差し掛かっています。ここはやはり日本の政府が旗を振り、先行している海外企業と日本企業を上手く連携させて実現の方向へ推進を図るとともに、ビジネスとして確立する構図を描いておくべきだと思います。また、量産できるタイプの機体ではないものの、ある程度の台数を出荷しないとコスト低減が図れない以上、最初からグローバルな展開も視野に入れるべきです。さらに自動車と違い、空を飛ぶ以上、製造した機体が米国で認められなければならず、最初から米国にアプライしておく必要があります。

ただ、繰り返しになりますがモノづくりに甘んじていては利益が取れない、全体のサービスを提供することでビジネスとして成り立つということを念頭に置いておかねばなりません。しかも世界の動きは非常に速い。こうした状況下、これからは国内企業だけにとどまらず世界の主要プレーヤーたちと積極的に組んでいくことが大切なのではないかと、私は繰り返し主張しているところです。日本は、一つの方向が定まればその実現に向けて真面目に取り組みますので、まずは決断して一歩確実に踏み出すことが求められます。

――国会議員の先生方の間では、このテーマに関し何らかの議論など交わされているのでしょうか。

山際 二階俊博先生が会長を務める「ドローン利活用推進議員連盟」の事務局を私がお預かりしているのですが、同議連の中にこの「空飛ぶ車」のワーキングチームを作り、そこで集中的に議論しながら関係省庁と連携して、より良いロードマップを策定する方向で進めています。

――たいへん夢のある構想で今後の展開が期待されます。ありがとうございました。

第4章　有識者の解説

衆議院議員　大岡敏孝

日本が先導する、パーソナルモビリティの未来について

——大岡議員は、パーソナルモビリティに関心があると聞きましたが、経緯について教えてください。

大岡　私は、個人用の小さな移動手段、言わばパーソナルモビリティに非常に関心を持っています。と言うのも、パーソナルモビリティは、近い将来、日本を大きく変える可能性があると見ているからです。

　例えば、自動車の新しい可能性については、これまで多く議論されてきましたし、恐らくこの書籍でもさまざまな角度から先進事例が取り上げられたり、問題提起がされていることでしょう。しかし、残念ながら社会や空間に負担の少ない乗り物や、コンパクトで持ち運び可能な乗り物という視点から小さなパーソナルモビリティの可能性については議論がまだまだ少ないように思えます。

——パーソナルモビリティと言うと、「セグウェイ（Segway® Personal Transporter, PT）」を思い浮かべますが。

大岡　「セグウェイ」は、アメリカの発明家ディーン・ケーメンを中心に開発され、2001年にSegway Inc.から発売された電動立ち乗り二輪車です。ビル・ゲイツ、スティーブ・ジョブズ、ジェフ・ベゾスといったIT界の著名人たちが「人間の移動形態を変える革命的な製品」と絶賛したため、非常に注目されました。しかし1台約60万円（Amazon.comでは5000ドルで発売）という高価格やさまざまな規制などがネックとなり、全

体として販売は低迷していると言われています。

――確か、日本の法律では、「『セグウェイ』は公道を走れない」となっていて、観光用施設など限られた場所でしか走れないはずです。同様に、電動のキックボードなども違法として取り締まられていましたね。

大岡 その通りです。わが国の現行ルールでは、公道をパーソナルモビリティで走行することはできません。ただ、私はパーソナルモビリティに対し、少し発想を変えてみる必要があると考えています。

――と言いますと。

現在のパーソナルモビリティの典型的な例は2001年に米国で開発されたセグウェイだろう。（写真は成田空港で使用されている警視庁のセグウェイ）

大岡 私は、CASEの概念はパーソナルモビリティにも応用でき、その結果、日本が前向きかつドラスティックに変わる可能性があると見ています。

実は、私は、アメリカで「セグウェイ」が低調なのは、移動ツールという領域にとどまっているからではないかとさえ考えています。恐らく、今後のパーソナルモビリティには、電動化して健康管理などの個人情報をや

衆議院議員
大岡　敏孝（おおおか　としたか）

1972年生まれ、滋賀県出身。早稲田大学政治経済学部卒業後、95年スズキ株式会社入社。98年同社を退社し、99年浜松市議会議員。2007年静岡県議会議員（2期）、12年衆議院議員（滋賀県1区）に当選し、当選3回。自民党軽自動車の会メンバー。中小企業診断士。

りとりできる機能が求められてくるでしょう。さらには、個人の健康状態を知らせるツールとしての機能や地域の安全を見守るセンサーとしても役立ってくるはずです。

——つまり、パーソナルモビリティは移動手段だけでなく、毎日の健康状態が分かるツールや地域のセンサーになり得る、と。

大岡 はい。例えば、毎日パーソナルモビリティに乗るだけで、体重や心電図、血糖値も分かれば便利ですよね。当然、毎日のデータとして蓄積できるので、医療機関でアドバイスを受けることもできてくるわけです。言い換えると、パーソナルモビリティに乗って通学や通勤するだけで、病院側は、患者のデータを把握できることになります。

さらに、センサーカメラが内蔵されていれば、周囲の情報や事故情報・目撃情報も取れるし、渋滞や天候などの情報共有にも使えます。つまり、自分のパーソナルモビリティで得られた情報が社会の役に立つという社会受容性につながるわけです。

しかもパーソナルモビリティは、かばんに入る、あるいは背中に背負えるようなものが技術的に十分作れるのです。コンパクトで持ち運びもできるので、動力源は電池になると思います。「セグウェイ」が開発された時にIT界の巨人たちがこぞって賞賛したのは、たぶんこうした未来像がイメージできていたからではないでしょうか。

「免許なし」、「税金なし」がわが国パーソナルモビリティ定着の必須条件

——確かにパーソナルモビリティが実現できれば、すごいことだと思います。公共交通の概念も大きく変わるかもしれません。

大岡 ご指摘の通り、地方自治体の立場では、まちづくりの概念も変わってくるでしょう。なぜなら、移動のための時間距離が大きく短縮できるようになるからです。具体的には、「駅から徒歩20分」という物件が、「パーソナルモビリティを使って5分」になるイメージですね。つまり、パーソナルモビリティは、不動産の価値も変える可能性があります。

——その場合、パーソナルモビリティの時速はどれくらいを想定されているのでしょうか。

大岡 例えば、トップレベルのマラソン選手が42、195キロメートルを約２時間で走りますから、時速21キロメートルということになります。このペースより、少し遅くして時速16キロメートルくらいでしょうか。歩行者が時速４キロメートルですから、大体４倍くらいになる計算です。当然ながら、安全のための速度制限も自ずと必要になってくるはずです。交通ルールの議論も積み重ねていかねばなりません。

　私は、パーソナルモビリティがわが国で定着するためには、免許も税金もいらないような仕組みが必要だと思っています。そのためには、私たち国会議員が古い概念や規制を現代流にアレンジし、新たな仕組みを切り開く努力が不可欠になると考えています。ところで、今の日本で、「免許なし」「税金なし」で乗れる乗り物って、何だと思いますか。

——**自転車でしょうか。**

大岡 まさにその通りで、普通に大人が乗る乗り物としては、自分の足でこぐ自転車しかありません。自転車は、種類やコースによってスピードに差がありますが、いわゆるママチャリと呼ばれる一般的な自転車を大人が利用する場合、時速12〜17キロメートルと言われています。ちなみに、サイクリストが利用するロードバイクの場合は、時速40キロメートルを超えるほどです。

——**なるほど。では、大岡議員が提唱されるパーソナルモビリティの速度は、大人がママチャリをこぐ程度のスピードを想定しておけばよい、と。**

大岡 そうですね。ただ、先ほどから話題に上っている通り、「自分の足でこぐ」ということに意識がいき過ぎて、足でこげば時速40キロメートルでもOKで、完全自動になると、時速10キロメートルでも原付になって、免許と税金とヘルメットが求められるんですね。もっと「安全性」に視点を移せば、速度規制などでおのずと適切なルールが見つかると思っています。また「こぎたくてもこげない」障害者や高齢者にも安全で便利な移動ツールが創りだせるのではないでしょうか。

第4章　有識者の解説

進む全固体リチウム電池（LIB）技術

――先ほど、大岡議員は、パーソナルモビリティの動力は電池と説明されましたが、一方、コンパクトで持ち運びできるともお話されています。ということは、かなり小さなバッテリーを想像するのですが、その点はいかがでしょうか。

大岡　EV用電池の進歩はすごいですよ。先日、全固体のリチウムイオン電池（LIB）の製造を見学しましたが、本当に驚きました。安全性が向上し、航続距離も相当延びると確信しました。詳細は申し上げられませんが、もう実用目前だと感じています。

――大岡議員が見学された全固体電池は、現行LIBの3倍以上の蓄電能力が達成される可能性が高いそうですね。従って、仮に航続距離を現行通りにすれば、電池容積（サイズ）、重量とも3分の1以下になる計算になります。現行のLIBは、正極材、負極材、セパレーター、電解液から構成されていますが、液体なので固体に比べ経年劣化が大きいとも言われています。

大岡　LIBそのものは、世界に先駆けて日本が開発した技術で、1980年代に旭化成工業の吉野彰氏がLIBのプロトタイプを開発して以来、2000年代初頭までは日本メーカーが主に携帯電話用バッテリーにおいて、世界市場シェアでダントツのトップでした。ところが、徐々に韓国のサムスンSDIやLGケミカルが生産能力を拡張し、16年にはパナソニック、サムスンSDI、LGケミカルで3強を形成するに至っています。

　一方、車載用に限れば16年にはパナソニック、LGケミカル、中国BYDが3強でしたが、中国CATLが急成長し、一気にトップに躍り出ている状況です。CATLが躍進した背景には、国内のEV需要拡大、中国政府の手厚い補助金交付制度、それに上海汽車、東風汽車といった有力自動車メーカーとの資本提携が挙げられています。

――「東京モーターショー2017」では、トヨタ自動車が記者会見を開催し、20年代前半にも全固体LIBを実用化すると発表しました。同社は全固体

衆議院議員　大岡敏孝

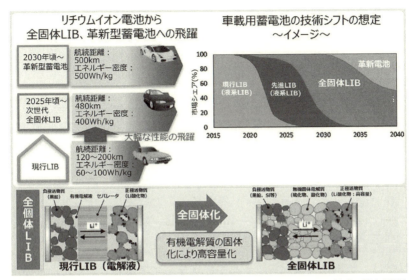

全固体 LIB のイメージ図　　　　　　　　　　　　　　　　（出典：経済産業省）

電池開発の権威である東京工業大学の菅野良次教授らと共同研究を実施しており、この分野でトップを走っていると言われています。

大岡　経済産業省では、現行 LIB に比べ、エネルギー密度の高い全固体LIB や新原理により性能を大幅に向上させた革新型蓄電池の技術開発をオールジャパン体制で確立する体制を打ち出しています。

　具体的には、国際研究開発法人 新エネルギー・産業技術開発機構（NEDO、川崎市幸区）を通じ、代表機関の技術研究組合リチウムイオン電池材料評価研究センター（LIBTEC）をはじめ、自動車・二輪車メーカー4社、蓄電池メーカー5社、材料メーカー14社のエンジニアが集結し、材料、プロセス、設計、評価の主要4チームで研究開発を推進しています。EV への搭載可否や量産プロセスへの適合性も含めて評価可能な技術として高度化するとともに、実用化を見据えて材料開発・設計、製造技術、安全性・耐久性の試験評価法、国際規格化、資源リサイクルまで幅広い分野をカバーしています。パーソナルモビリティという分野についてのバッテリー技術には、車載用のバッテリー技術を応用するという考え方が軸になると思うのですが、私はもう一つの流れにも注目しています。

第4章　有識者の解説

――もう一つの流れとは何でしょうか。

大岡　携帯電話や時計など、IoT機器やウエアラブル端末用のバッテリーです。前述の通り、そもそもLIBは携帯電話用のバッテリーとして発展してきた技術で、「小さい」ということがキーワードでした。

　これまで述べてきましたように、パーソナルモビリティには、「移動する」というだけでなく個人ユーザーの健康をはじめとした「情報」が包含され、コンパクトで使いやすくするために「小さい」というキーワードが必須になるはずです。そのためには、必然的にバッテリーも小さくて、安全で使いやすいということが求められてくるわけです。

パーソナルモビリティ実現に向けて

――では、大岡議員はパーソナルモビリティが実現していくにはどのようなことが必要になってくると見ておられますか。

大岡　私自身は、パーソナルモビリティが、通信の分野で固定電話から携帯電話、スマートフォンとして定着していった流れと同じ系譜になればよいと願っています。もしかすると、通信と移動は、パーソナルモビリティによって融合されていくかもしれませんね。

　もちろん、パーソナルモビリティには、全固体LIBをはじめ世界最先端の技術が搭載されていくでしょうから、産業面での支援体制がきちんと確立されることが必要です。さらにパーソナルモビリティを作るメーカーに対し、税制面などインセンティブを与える仕組みも構築していく必要があるでしょう。

――**詳しく教えてください。**

大岡　例えば、道路を走る車を眺めてみてください。5人乗りの乗用車にほとんど一人で乗っているケースを見かける場合が多いでしょう。移動体の最適化は、エネルギーや環境面からも社会の効率化につながる大きなポイントだと言われています。

　現在、自動車メーカーを中心に、超小型モビリティという新しいタイプのクルマが作られています。トヨタは、2012年から、一人乗りの「コム

ス」を販売していますし、日産ルノーも「トゥイージー」という一人乗りを開発しました。現行のルールでは、原付扱いだったり、普通自動車扱いだったりしますが、やはり税や免許制度を優遇した新しいカテゴリーを作る必要があると思います。

一人乗り超小型モビリティの代表例、トヨタコムス
(出典：トヨタ車体㈱)

――税制面から、既存の一人乗りの超小型モビリティの利用をより促進する、と。

大岡 そうです。既に、トヨタ「コムス」は、コンビニエンスストアの宅配サービスに活用されていますが、普及は早いとは言えないですね。例えば日本中を郵便物の配達で走っている郵便局を見ると、配達員さんはいまだにバイクで配達しているケースが大半です。これが仮に四輪で、環境に優しく、雨でも雪でもしっかり制御できると、どうでしょう。

さらに知能化して、最適の配達ルートを案内する。カメラで街のパトロールもするし、配達員の日々の健康状態もチェックできるようにすると、日本人の意識もだいぶ変わってくると思うんですけど。

――まずは、超小型モビリティでパーソナルモビリティを具現化していくというわけですね。

大岡 ご指摘の通りです。法人で安定した需要が出せれば、コストも下がり、個人でも買える水準に値段が下がってくる可能性もあります。「安全」「環境」「IoT」「さらに便利」という視点で、規制を変えれば新たな需要が開拓できさらに多くの国民が利便性を享受できます。日本はこの分野の先頭に立たなくてはなりません。やれることは、たくさんあると思いますので、自民党若手議員を中心に勉強を進め、実現に向け努力したいと考えています。

――ありがとうございました。

第4章　有識者の解説

産業技術総合研究所

地方で自動運転が定着していくために
技術検証だけでなくビジネスモデルの明確化と社会受容性などの側面から四つのモデル地域での実証実験を展開

──経済産業省（経産省）と国土交通省（国交省）は、自動走行を活用した新たな地域の移動サービスの実現に向けて、2016年度から「ラストマイル自動走行の実証評価」を4地域で展開されていると聞きました。加藤さんは、プロジェクトリーダーとして、この実証実験の陣頭指揮を取っておられるそうですが、まずは概要から教えてください。

加藤　私たちが行っている自動走行の実証実験のプロジェクトは、経産省と国交省の事業で、正式名称を「高度な自動走行システムの社会実装に向けた研究開発・実証事業：専用空間における自動走行などを活用した端末交通システムの社会実装に向けた実証」と言い、通称「ラストマイル自動走行の実証評価」と呼んでいます。実証実験の目的に技術検証がありますが、さらに大きな柱の一つとして、地方での事業性を明確化していくことができるかという点が挙げられます。

　もう一つの柱としては、実証実験をしていく中で、新しいシステムを導入していこうとしているわけですから何か制度的な課題が出てくる可能性があります。こうした課題を整理していくスタンスで臨んでいます。と言いますのも、法律や保険制度など社会システムがきちんと確立しないと、自動走行は社会実装ができません。その点においては、国交省はもちろん、警察庁、内閣府、内閣官房などとも積極的に連携して臨んでいます。

──なるほど。自動走行においては、ビジネスモデルの明確化と社会シス

テムが確立することが重要だというわけですね。

加藤 はい。さらには、社会受容性も重要です。特に地方で、これから自動走行が交通手段として定着していくためには、利用者や自動運転の技術を運用していく人たちが「本当に使える」と実感していただくことや正しく理解していただくことが何より重要だと考えています。従って、今回の実証実験では、地域に根差した乗り物を、実際の現場で運用してみて、ビジネスモデルとしてどんな形になるのかという点を実験的に示すところまで求められており、より社会実装的な実験と言えるのではないでしょうか。

全国4カ所で、自動走行の実証実験を展開

――ラストマイル自動走行の実証評価を行う地域は、石川県輪島市、福井県永平寺町、沖縄県北谷町、茨城県日立市の4カ所が選定され、既に実証実験が開始されているところもあるそうですが、選定の経緯について教えてください。

加藤 2016年11月に、私たちは、小型電動カートや小型のバスといった2種類のモビリティを提示して全国に公募を呼びかけたところ、全国33の自治体などから応募がありました。その中から、例えば、場所の適性、提案

国立研究開発法人 産業技術総合研究所
情報・人間工学領域 知能システム研究部門
首席研究員
(兼 端末交通システム研究ラボ 研究ラボ長)

加藤 晋(かとう しん)

1967年生まれ、千葉県出身。明治大学大学院博士後期課程修了、博士(工学)。97年通商産業省工業技術院機械技術研究所入所。主任研究員などを経て、2007年経済産業省産業機械課出向、13年産業技術総合研究所フィールドロボティクス研究グループ長、18年3月より現職。埼玉大学と東京理科大学の連携大学院教授も兼ねる。

第4章　有識者の解説

の実行性や具体性、継続性、地域の受容性などを踏まえ、最終的に2017年3月に4カ所を選んだわけです。

―― 2種類のモビリティを提示されたということですが、応募状況はモビリティごとに違いがあったのでしょうか。

加藤　小型電動カートを使用するタイプの提案が23地域あって、その中から3地域を選定しました。一方、小型バスの提案は21地域あって、その中から1地域を選定しています。

　小型電動カートの選考では、他の地域にも生かせるようなモデル事例となることと、電動カートや自動走行に対する受容性が高いと見込める地域が選ばれる結果となりました。

―― では、選定された4カ所のモデルについて詳しく解説いただきたいと思います。まず、輪島市の事例について解説いただけますか。

加藤　輪島市の場合は、輪島商工会議所がすでに電動カート（WA-MO）を運用していたという実績があり、同商工会議所が提案をしてくれました。WA-MO のための自動走行区域を間借りする形で、2017年12月18日に実証評価をスタートしました。遠隔監視・操作技術と自動走行技術を組み合わせ、一般道における国内初の車両内無人による遠隔型自動運転の実

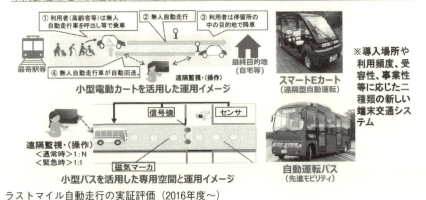

ラストマイル自動走行の実証評価（2016年度〜）

験などを行っています。実験では、まだ、車両周辺に保安要員を配置しておりますが、将来的に無人回送などを想定したもので、全く無人の車両と他車両との親和性が気になるところです。

——かなり高い技術力が反映されている印象です。

加藤 実は、当初は、自動運転の技術を高度化したものはそんなに求められないと考えていました。小型電動カートの自動運転技術のベースは、ゴルフ場や工場内の荷物搬送などで用いられている走路に電磁誘導線を埋設し、それに沿って移動するといういわば、実績のある枯れた技術を使っています。これは、安全性とコストを重視し、実現性の高いシステムによる実証を目指した結果で、事業化の最先端をいくことを目標としているためでもあります。しかし、市街地のモデルとして一般道に自動運転の車両が入ったらどうなるかということの難しさを実感しており、遠隔ドライバーの安全確認などの役割を軽減したり、自動化したりするためにかなり高い技術で補う必要があることも分かってきています。

——一般道では、商業用や地域住民の車が通行するでしょうし、輪島とい

経産省・国交省が主体となって実施する自動走行実証実験の実施場所

担い手事業者の発掘：実証実験等

第4章　有識者の解説

- **市街地モデル**：高齢化市街の活性化
  - 生活施設、観光施設の巡回（市街地内の走路：一般公道）
  - 交通弱者への安心な交通手段の確保
  - 観光客の需要促進（沿道施設の利用）
- 実証課題
  公道での他車等との共存空間における自動運転
  - 交差点、駐車車両への対応
  - 遠隔無人運行・回送（一般公道上）
  - 需要変動対応（増車）、広報、警備などの付加価値と事業性
- **実証状況：H29年度成果**
  - 2017年12月18日に出発式を行い実証評価を開始
  - 遠隔監視・操作技術と自動走行技術を組み合わせた遠隔型自動走行の実証実験で、一般公道における国内初の車両内無人による遠隔型自動運転の実証を開始
    - 遠隔自動運転車両の基準緩和の認定（国内初：3省庁初：12/1）
    - 公道実証実験に関する道路使用許可を取得（12/15：石川県警）
  - 事業実現性の高いシステムでの技術審査、走行審査に合格

走行経路（約1kmの周回路：一般公道）

出発式でのテープカット

車両内完全無人での自動走行デモ　　遠隔監視・操作用モニターの画面　　遠隔監視・操作の様子　　電磁誘導線を用いた自動操舵

ラストマイル自動走行の実証評価（輪島市）

う地域性を考えると観光用の車も通行するのではありませんか。

加藤　はい。私たちが使用しているのは、低速のモビリティ、最高速度20キロ／時未満の小型電動カートになるのですが、一般道をスピードの違う車両が共存している状態になっています。ご指摘の通り、観光で初めて来られた方の車両というのは、土地勘のない旅行者がレンタカーを借りて運転している場合が多いわけですから、これまでの輪島市の電動カートの運用も知らなければ、自動運転の実証に対しても何の知見もないことになります。このようなドライバーが低速のモビリティや自動運転車両を見てどう思うかというところまでは、実際の現場で実験してみないとなかなか予測が立てづらい状況です。こうした状況の中でさまざまな課題が、やればやるほど出てきており、一つずつ詰めているというのが実情です。

――まさに実証実験たるゆえんだと思いますが、他に実証実験を通じて出てきた課題があれば教えてください。

加藤　例えば、路上の駐停車車両の問題は、実証実験を通じて浮き彫りになった課題と言えるでしょう。この問題は、当初からある程度予測していましたが、いざ実証実験を始めると、極めて難しいことを改めて認識しま

した。と言いますのも、時間帯によっては、自動運転車両の走路上であっても車両を駐停車して、集荷や配送などが当然のように行われているという実態があるのです。

　もちろん、技術的に、駐車車両を自律的によけることは可能となってきていますが、センサーや制御などの追加コストがかかり、確実性やメンテナンスも含めて考えると、車両コストがものすごく上がってしまいます。コストが上がってしまうと、事業性に大きく影響が出てしまいます。そのため、遠隔ドライバーによる遠隔操作での回避によりコスト低減を当初から考えておりましたが、負担が大きく、また、後続車や対向車両のある場面ではさらに難しいことになります。

――何か、別の有効な方法があるのでしょうか。

加藤　このような場合は、むしろインフラ面で何か標識などを施したり、地域ルールを作って、低速モビリティや自動運転車両を優先的に走行させる工夫をすることも一つの手段として重要だと分かってきました。具体的には、バスの優先道路や自転車の走行空間をイメージしていただければ分かりやすいのですが、道路路面に、「低速の自動走行モビリティが走ります」といったことを明示させることなどが有効だと考えています。

観光地モデルでは、利用者から料金を徴収しなくても運営できるビジネスモデル構築がポイント

――次に、永平寺町についてもお話しください。

加藤　永平寺町は過疎地モデルとしており、高齢化が進む過疎地では、どういったモビリティとその運用が必要なのかということを見据えています。この地域は、鉄道の廃線跡地を利用した自転車歩行者専用道を走路として使用しています。そのため、人や自転車との共存はあるものの、利用者が少ないため、ある意味自動車としての専用空間に近い走路が確保されています。言い換えれば、自動運転に都合の良い環境がある程度、整備されているとも言え、地域の移動サービスとしては整った環境であると判断したわけです。ただ、やはり高齢過疎地ですから、ビジネスモデルをどう

第4章　有識者の解説

- **過疎地モデル：少子高齢化地域の活性化**
  - ◆ 駅から住居地、観光施設の往復（廃線跡地の走路：永平寺参ろーど）
  - ◆ 夜間、積雪時の安心な交通手段の確保
  - ◆ 通勤・通学者、生活施設利用の住民、観光客の併用
  - ◆ 観光客の需要促進（遊歩道と沿線施設の利用）
- **実証課題**
  - 歩行者や自転車との共存空間における自動運転
  - ◆ 公道との交差部への対応（信号、踏切など）
  - ◆ 夜間、積雪時の走行
  - ◆ 遠隔無人運行、需要変動対応（増車）、警備・案内等の付加価値
- **実証状況：H29年度成果**
  - ◆ 2017年5月15日に電動カート試走、走路確認（永平寺口駅から門前まで約6km）
  - ◆ 2018年2月26日から積雪走路の自動走行技術の確認を開始（走行限界等の検証）
    - ● 遠隔自動運転車両の基準緩和の認定（2/23）
    - ● 公道実証実験に関する道路使用許可のための走行審査適合（3/1）、申請準備中
    - ● 実証評価を準備中（積雪状態などを考慮）

走行経路（参ろーどの約2km（2017年度）：歩行者・自転車専用道の公道（自動運転車両は通行許可承認済み））

※積雪走路では、雪質と路面状態で走行に影響。これらの検証を行うことが課題：AI画像処理等

実証用車両とスタッドレスタイヤとチェーンの装着　｜　遠隔監視・操作用モニターの画面　｜　遠隔監視・操作の様子　｜　除雪車の轍での走行状態検証

ラストマイル自動走行の実証評価（永平寺町）

組むかというところが一番のネックになっています。また、季節の問題も課題に上がっています。例えば冬になり、降雪があるとセンサーの検知に影響が生じることや、積雪走路では電磁誘導線で積雪25センチメートル程度までの自動運転を走行実証していますが、雪質と路面状態によっては走行に影響が出ることが分かりました。こうしたさまざまな環境条件をクリアしていくことも重要です。ある程度想定されたこととは言え、こうした自然環境の厳しさに対しても、対応できるかという点が実証実験の中では問われてきています。

——北谷町の場合はいかがでしょうか。

加藤　北谷町の場合は、もともと一部のホテル事業者などが電動カートを使って、観光施設とホテル、ビーチなどを結んだ海沿いの町有地の走路（非公道）を宿泊客などへのサービスとして運行していた経緯があって、私たち観光地モデルとしてうまく利用できるのではと判断しました。遠隔型自動運転による運行ができれば、無人での配車や回送などが可能となり、コスト削減につながります。非公道ではありますが、2台の自動運転車両を用いて、技術確認を2017年6月26日から国内初で開始し、2018年2

産業技術総合研究所

- ■ 観光地モデル
  - ◆ 観光施設とホテル、ビーチ等の巡回（海沿いの町有地の走路：非公道）
  - ◆ 観光地の活性化（沿道施設の利用）
  - ◆ 移動弱者への安心な交通手段の確保
- ■ 実証課題
  - 人等との共存空間における自動運転
  - ◆ 人の混雑時等の対応（安全と運行の持続）
  - ◆ 無人運行・回送（遠隔型自動走行）
  - ◆ 事業性、需要変動、外国人対応など
- ■ 実証状況：**H29年度成果**
  - ◆ 2017年6月26日に出発式を行い技術の確認を開始
  - ◆ 遠隔監視・操作技術と自動走行技術を組み合わせた※遠隔型自動走行システムとなる端末交通システムの社会実装に向けた非公道の走行は国内初
  - ◆ 2018年2月7日から運行管理機能を遠隔型自動走行システムに付加し、実運用に近い形での実証評価（受容性評価：運行関係者）を開始

ラストマイル自動走行の実証評価（北谷町）

月からは利用者や運行事業者などの受容性評価などを行っております。現在の実証走路の周辺は、この地域を選定したときから比べ、既に複数のホテルが新たに開業し、さらに建設が進んでいるものもあります。それぞれのホテルや施設などが移動サービスを始め、乱立してしまう事態も想定されます。そこで、自動運転技術を使った移動サービスを統一的に運用すれば、事業としてのコスト負担も低減でき、より受容性が高まるだろうと考えています。

――**利用者に料金を払ってもらうのではなく、ホテルなどの事業者に負担してもらうやり方ですね。**

加藤 そうです。ホテルだけでなく、観光施設や商業施設の事業者にもコストを負担してもらって運営していく形が当初から想定がされていたので、私たちも比較的ビジネスモデルが描きやすいと考えました。

――**現在の進捗状況はいかがでしょうか。**

加藤 サービス実証は、これからの段階になりますが、実際に利用者や運行事業者への受容性評価などは行っていて、こういったモビリティを地元の事業者の皆さんが独立採算などで運営できるのかについて、今年度の実

第4章　有識者の解説

証評価で検証を行い、運用方法なども含めて、サービスとしての事業性や受容性を判断をしてもらうことにしています。

——今後インバウンド対策などで、観光地モデルは増えていくと予想されますがどのような見通しでしょうか。

加藤 他のモデルでも言えますが、観光地モデルの場合は、特に乗り物としての位置付けが「利用料金を取る、取らない」で大きく形態が変わってくると見ています。ビジネスモデルを組む場合に、利用者から料金を取らなくてもうまく回るような仕組みを作ることができれば、新たな移動サービスとしての展望が見えてくるのではないかと考えているわけです。制度的には、旅客運送業にあたるかどうかの違いもあります。ただその場合、サービスの質をどうするかということも考慮しておく必要があります。

——サービスの質とはどんなことでしょうか。

加藤 例えば、バスのように定時性で運行するのがよいか、それともアトラクション的なものでも良いのかによって、提供するサービスの質で違いが出てきます。

同町の場合、海岸線沿いを通ろうとすると、どうしても人と混在することになってしまい、衝突を避けるために減速が自動的に行われます。人が多いときには、例えばバスのように定時性を求めるサービスの提供は難しい状況となってしまいます。そうなると、単純に何時何分に目的地に着きたいという移動のニーズには応えられないことになるでしょう。遅延などのある程度は許されるような移動サービスとして提供することを考えなければなりません。

また乗り物には快適性を求める議論も必ずあって、先ほど永平寺町の雪の話にも触れましたが、沖縄の場合は台風、雨対策や暑さの問題が問われてくるのではないかと見ています。もちろん、今回の実証実験でこうしたことまではあまり踏み込めませんが、その場所に合った車両やシステムをどう構築していくかが重要です。他のモデルでも地域に合った利用の形態やコスト負担、運営などをどう構築するのかがポイントだと思います。

産業技術総合研究所

2018年度末をメドに、四つの事業報告を提出

――最後に、四つ目の日立市のモデルについてご説明願いたいのですが。

加藤 日立市の場合は、コミュニティバスモデルと位置付けており、主に廃線敷を利用した「ひたちBRT」（bus rapid transit ＝バス高速輸送システム）の走路で、自動運転バスを導入するとどのような効果が出るかという点に注目したいと考えています。特に、今回の実証実験では、新しく信号などとの連携も進めていくことにしています。

――信号との連携とはどのようなことですか。

加藤 信号連携を通信で行うことで、確実に信号情報が得られ、安全性が向上します。また、今回の実証では行いませんが、すでに公共車両優先システムとして優先信号制御などが実現されており、定時性を保ちやすくなります。自動運転バスと連携することでより安全かつ効率的に交差点を走行させることができるようになります。このほか、付加価値をどう見せていくかという点も実験の大きなポイントと見ています。

――付加価値とは具体的にはどのようなことを意味するのでしょうか。

- **コミュニティバスモデル**：市街地域の活性化
    - 廃線敷を利用したひたちBRTのバス専用道路（一部一般公道）
    - 高齢者、通勤・通学者等の移動手段の確保
    - 周辺道路の慢性渋滞の解消
    - バス事業の人手不足、コスト削減
- **実証課題**
    インフラ協調による専用空間化と公道での自動運転
    - 専用空間化（廃線跡、公道交差部）
    - 安心・安全な遠隔運行管理（監視）
    - 無人化によるBRTの事業性（コスト効果等）
    - 一般公道への拡張性
- **実証状況：H29年度成果**
    - 周辺住民や利用者へのアンケート調査、事業性等の検討
    - 走路における電波状況の計測（遠隔監視用）
    - 磁気マーカの埋設による走路環境の整備

※2018年10月の実証評価に向けて準備中
⇒利用者、事業者の受容性評価や 事業性の評価を実際の運行事業者を交えて検証予定

※車両自体は、SIP自動走行等で技術実証中

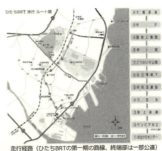

走行経路（ひたちBRTの第一期の路線、終端部は一部公道）

遮断機による専用空間への進入防止

実運用中のBRT路線での検証

磁気マーカの埋設（2m毎；位置補間）

ラストマイル自動走行の実証評価（日立市）

第4章　有識者の解説

加藤　利用者の立場からすると、「自動運転にすることで利用料金が安くなるとよい」という要望がよく寄せられます。あと、指摘されるのが「深夜帯でも走って欲しい」という時間帯延長の話ですね。つまり、自動運転だと、人件費が下がるだろうとの期待から、サービスとして運用の回数が増えたり、深夜にもバスが運行できたりすることになれば、さらに社会受容性が高まる可能性がでてきます。10月に行う予定の実証実験では、住民などの利用者の皆さんの評価をきちんと把握していきたいと考えています。

――まだ、実証実験はスタートしていないのでしょうか。

加藤　計画上では、10月下旬に出発式を行って、10日間程度の試乗実証などを、実運行しているバスの合間を縫って行う予定です。また、バスですから、車外だけではなく、車内安全もきちんと考える必要があります。現在、ドライバーのいるバスへの支援にもなることなどを含めて、安全性の向上や効率などの課題について、一つ一つ対応している状況です。

――バスに関して同市が選ばれたのは、先ほどの説明では、21自治体のうちわずか1例ですから、非常に狭き門という印象を持ちました。

加藤　バスの場合は、安全性の確保という点に一番の重きを置きました。

①自動走行技術の確立
・無人自動走行、遠隔運行の安全性、信頼性を実環境で実証
②事業性（ビジネスモデル）の明確化
・サービス事業の成立性、継続性の道筋を実地域モデルで実証
③社会システムの確立
・新たな交通システムとして法制度や責任、インフラの整備を実証
④社会受容性の醸成
・実地域の利用価値とステークホルダーの高い受容性を実証

4つは相互に関連：
全体を見通したシステム構築とバランス調整、実証評価の事例が、社会実装拡大に必須

◎**事業化の最先端**を目指す

産総研が幹事機関

※ 技術力、調整力、実績、知見等によるまとめ役
※ 企業、大学などとコンソーシアムを組んで、実施中

■スケジュール

2016　→　2017　→　2018　→　長期サービス実証へ

技術検討　　　　車両・システム準備、インフラ　　　実証評価（事業性、
実証地公募・選定　整備、技術検証、先行実証　　　　受容性）

プロジェクトの目標とスケジュール

同市の場合には、すべての走路ではありませんが、廃線敷を利用したバス専用道路が確保されているという環境条件が大きかったですね。もう一つ、事業の継続性も重視しました。特に同市の場合、ひたちBRTの路線は延長工事も進んでおり、将来的な展望が描きやすいという点も選定ポイントになりました。今後、地方では経営難や人手不足から、鉄道の廃線が進む可能性が高いこともあり、モデル事例としても非常に有用ではないかと考えています。

――ラストマイル自動走行の四つの事例をかなり詳細に伺いましたが、実証実験の取りまとめについてはどのようなスケジュールを考えておられますか。

加藤 2018年度末をメドに、四つの地域での実証評価に対する事業報告を、経産省に提出することになっています。経産省のHPから報告書が公開されるのかはもう少し先になるかもしれません。私たちの事業内容だけではありませんが、経産省と国交省は、「ラストマイル自動走行等社会実装連携会議」を開催しており、さまざまな地域での取り組みなどの情報共有がされていますので、ぜひご活用いただきたいと思っています。

――ありがとうございました。

株式会社ワークハピネス　吉村慎吾

地域社会が変わりゆく中、魅力あるまちづくりに必要な要件とは

活性化に向けた、"一点突破方式"

――吉村社長は、既成の観念に捉われない新しいまちづくりと地域活性化のコンサルティングで知られておりますが、生き残り自体が難しいと言われる地方都市で、活性化を期する方策があるとしたらどのような手立てが考えられるでしょうか。

吉村　大きく二つの方法に分かれると思います。一つが一点突破方式、もう一つが本格派で対応する方式です。ここでは一点突破方式に絞ってお話ししてみましょう。

　海外における典型的な例として、英国ウェールズのヘイ・オン・ワイというまちが挙げられます。ここはリチャード・ブースという人物が古いお城を買い取り、城内外に古書店を整備、さらに1977年に当時のECに対して独立王国宣言を発したことで知られています。古書という、根強いマニアが集まる一つの分野を掲げ、さらに独立王国宣言でマスコミの関心を集めるなどの一連の戦略が功を奏し、さらに古書街だけでなくレストランや宿泊施設が相次いで建てられ内外から多くの観光客を集めるようになりました。言わば"バズ（口コミ）・マーケティング"のはしりのような存在で、まさしく"○○のまち"と対外的にアピールする一点突破型で成功した良い例です。その間にブースと住民の間には軋轢もありましたが、今で

も毎年、古書関係フェスティバルが開かれるなど古書のまちとして、また特色ある一つの観光地としてすっかり定着しています。

　日本において同様のまちづくりで知られるのが、埼玉県入間市のジョンソンタウンでしょう。もともとこの地は米軍住居地域、それも将校宿舎だったので、外観は白い横張りの板壁づくりでデッキチェアを置けるテラスがあるといった、アメリカのまち並みを彷彿とさせる家々が残っています。ここは一人の地主さんの私有地なのですが、このまち並みを生かすべく通りの表記などをすべて英語で統一するなどして、埼玉にありながらアメリカのまちを現出させました。そうするとアメリカをこよなく愛する人々が数多く訪れ、それに合わせて飲食店、雑貨店も並びさらに活気を呈するという好循環が生み出されています。実際にこのまちに移り住んでくるアメリカナイズされた若者もいるとのことです。

　スポーツの分野では北海道ニセコも成功したまちの一つです。パウダースノーの一点突破でオーストラリアなど海外から多数の人を呼び寄せています。

　このように、これからのまちづくりの一つのヒントは、その特定分野に多くの共感者を集める共通テーマを具現化し、発露することかもしれません。それはナパバレーのワインでもよし、何らかのアニメの聖地でもいい

株式会社ワークハピネス
吉村　慎吾（よしむら　しんご）
世界4大監査法人の一つであるプライスウォーターハウスクーパースにて公認会計士として活躍し、世界最年少マネージャー記録を更新。途中、現JASDAQ上場審査部で世界初の日米同時株式公開を手がける。2000年、企業変革支援アウトソーサーである株式会社エスプールを創業。06年JASDAQ上場に導く。同年、株式会社ワークハピネスを創業。著書『イノベーターズ～革新的価値創造者たち～』は、多数の企業で「次世代幹部育成の課題図書」として扱われている。

でしょう。まずは自分の町で何ができるか、地元の魅力は何かをソート分析して、特定のターゲットに焦点を絞り、注目を集め人を呼ぶ、これに尽きると思います。

——若い世代を核としたまちづくり、という点ではいかがでしょう。

吉村 リチャード・フロリダという研究者の著作に『クリエイティブ・クラスの世紀』という本があります。それによると、これから世界中からワーカークラスが消えクリエイティブ・クラスばかりになるそうです。クリエイティブ・クラスは、イノベーター、クリエイター、アーティスト、さらには料理人や美容師、鍼灸師も含まれます。つまり、何かをつくる人たち、職人です。それで生計を立てられるかどうかは別として、若者の多くが職業としてそれになりたがる、実際に鍼灸院の数はコンビニを上回っています。こうしたクリエイティブ・クラスの方が当人からのインスタ映えがするからでしょうね。相対的に、工場労働者層はますます減り、これからブルーカラー中心の人口10万人単位の都市はほとんど成り立たなくなります。

　逆に言えば、クリエイティブ・クラスを惹きつけるまちづくりが必要、ということです。彼らが住みたいまちとは、緑豊かで公園があり、美術館、図書館、劇場が揃い、近くでスポーツができる、そういうまちです。米国においてはサンフランシスコやシアトルがその典型です。今シアトルは大人気です。車で郊外へ30分行けばマリンスポーツもスキーもできるし、職住が接近していてまちの至る所にオシャレなカフェがありますしレストランの水準も総じて高い。スターバックス・コーヒー発祥の地という都市のブランドもあります。このような都市構成ですとクリエイティブ・クラスが集まり、ますます都市のイメージがハイセンスになる一方、デトロイトなど工業都市はさらに苦しくなります。次代のクリエイティブを呼ぶには、オシャレなカフェから発する文化の香りが必要だということです。

　この構図で、日本で唯一成功しているのが軽井沢です。風光明媚なところなら日本全国にありますが、軽井沢には文化の香りがある、おいしいレ

ストランやカフェがある、芸術家や作家が住んでいるなど、クリエイティブ・クラスを惹きつける一定の要件が揃っています。

　ただ、クリエイティブ・クラスを意図的に呼び寄せるのが難しいのは確かです。交通が至便であることなど地理的なアドバンテージも必要で、また多様な層の人びとが交じり合えるスポットが不可欠です。むしろコンパクトなまちなら特定のデザインに基づく統一的なまちづくりも可能ですが、10万人規模クラスの都市ではそれもままなりません。逆に100万人の大都市なら人材の数からして集積効果が見込めます。都市がイノベーションを起こすには、多様性を包含できるある程度のサイズもまた、要件の一つとなるのです。

人をきっかけに、さらに人の輪が

——地域発のイノベーションに関して例などはありますか。

吉村　先ほどの一点突破型に類するのですが、徳島県の神山町がIT企業の集積で注目を集めています。ここはスタンフォード大学大学院を出た大南信也さんという方が"グリーンバレー構想"を打ち出して通信環境を整え、IT企業を誘致することで町の活性化を導いた事例です。人口6000人余りの小さなまちですが、今では多くのベンチャー企業がサテライトオフィスを設けています。よく地方創生には"よそ者、わか者、ばか者"が必要と言われますが、大南さんは出身こそ地元であるためよそ者ではないものの、構想当時は年齢も若く、愚直に邁進するという意味で、"わか者、ばか者"に十分該当します。個人の独創性と、それを思うようにやらせてみる周辺地域の寛容性、そこに発信力が加われば徐々にクリエイティブ・クラスが集まり、また人々が交流するカフェができるという具合に、小さな核から徐々に渦が大きくなるパターンこそ、地方が特色を持って存続する一つのスタンダードではないでしょうか。ハコモノをこれからいくつもつくれるような時代ではないだけに、ヒトの比重は今後ますます大きくなるでしょう。

　同様に高知県本山町は、池田勇人さんという有名なブロガーが東京から

第4章　有識者の解説

移り住んで以後、若者、それも一度就職してから5年以内に退職したような都市生活で消耗した若者などが精神的に休息する地として、相次いで移住していることで知られています。池田さん本人が東京で疲れ切ったあとこの本山町でブロガーとして発信していたら、同様にITなどで疲弊した若者がこれに続きました。

　このように、一人の、あえて言うなら変人のパワーに惹き付けられて、関心を持った人がさらに人を呼ぶという構図で、どの例も共通しています。

――こうしたまちづくり、地域の変革において、トップのリーダーシップが問われるところだとよく指摘されますが、首長が頑張っている例などはいかがでしょう。

吉村　長野県小布施町は"栗のまち"として知られていますが、これは当時の町長さんが先進的で、マーケティングによる観光客誘客、民泊の受け入れなどをして活力を生み出しました。ただ、そのころ町長さんに話を聞くと、古くから住んでいる高齢者などは新しいことでよそから人を呼ばずにこのまま静かにしていてほしいという声も少なくなかったそうです。しかしその一方、商店街の青年会などはまちの人口減に危機感を覚えていたため活性化には協力的でした。つまり新しい取り組みをするには必ず地元の賛否があって、その中でどう住民の理解を得ながら施策を進めるかが問われるところだと思います。観光地化を図るにしてもお年寄りが全員、にぎやかになるのを歓迎するわけではない、まちが一体となって新しいことを始める上ではこうした住民間の生活意識の違いなども事前に留意しておく必要があります。

きっかけは、リードコミュニティにあり

――国はこうした地方活性化についてどう支援すべきでしょうか。

吉村　残念ながら、人口減の進展は抑え難いのが現実です。その現実を受け入れて人口増を図る、GDPを伸長させるという前提から、まず見直す段階にきているのではないでしょうか。地球が有限である以上、世界最先

株式会社ワークハピネス　吉村慎吾

進国の日本で人口減が始まっているということはそれだけ世界がサステナブルに向かっている兆候であるわけです。すでに子どもが生産力から消費財に転化した現在、人口減時代が進み不可逆であるという事実を受容すべきです。その上でITやAIの導入を進め、社会事象の効率化を進めれば、個人の生産性や利便性は向上し、昔のように資源の争奪になることもないでしょう。今や資源とは、優秀な人材です。それを育てることに国や自治体は注力すべきです。

　同時に、高齢者を中心に地域に孤独な人を増やさないよう、行政は気を配ってほしいですね。心理学に「自立とは依存が多いことである」という言葉があるように、孤独な人は依存場所がありません。従って地域に残る数少ないコミュニティを維持していくことが大切です。地域で趣味の会なり集いの場を設けてコミュニティの場を増やしていくことが、これからの地域行政の重要な仕事の一つだと考えられます。ケアマネージャーを増やすより、そのお世話にならないよう健康寿命を伸ばすためにも、趣味の会のナビゲーターを増やし、お年寄りをできるだけ引きこもらせないようにすることです。

　若者にも居場所は必要ですが、彼らはネットでつながっていれば物理的な孤独を感じないケースもありますので、むしろ都市と地方といった空間の差は、若い世代はそれほど深刻な問題とは捉えていないかもしれませんね。

——まちづくりの要点は、施設ではなくコミュニケーションであると。

吉村　前述のように、同様の環境は他の地域にもある中で軽井沢が抜きんでているのは、リードコミュニティからして差があるからです。いち早く著名人が住み、滞在した環境を整え文化的空気を醸し出すのに成功したことが、一般人にとって魅力ある現在につながっているのです。リードコミュニティがその後の発展を決めるとも言えるでしょう。神山町しかり、本山町しかりです。リードコミュニティの分野や手法はさまざまで、リードコミュニティを意図的につくれれば活性化の糸口が見えるとも考えられます。当社でも、フェイスブックを介して世界中につながる新しいリードコ

第4章　有識者の解説

ミュニティづくりに取り組んでいるところです。

――他に、国に対してご意見などは。

吉村　やはり若者が都会から地方を指向しても現地に仕事が無いのが最大のネックになりますから、何らかのベーシックインカム（最低所得保障）の導入が求められます。そこがクリアされれば、関心がある地方地域にまず行ってみる、という行動を促すことにつながります。地方では、所得としては少ないながらコミュニティにとって必要な仕事はたくさんありますから。そこで真にまちの魅力が問われることにもなるでしょう。

――まちづくりの在り方が変容する中、これまでの車社会も自動車産業も変化を迫られると思われますが、これについてどのように思われますか。

吉村　ともすれば電動化や自動運転など、テクノロジーのみが着目されがちですが、その前に個人の価値観の変化を注視すべきです。あまねく買い物がスマート化している現在、消費者はより賢く無駄なくモノを使おうとしています。車も、都市生活は普段あまり使わないなら占有するよりシェアでいい、ということになります。もう、車は一般庶民にとって買うものではなく単なる移動手段となり、富裕層のパーソナル空間のような持ち物となっていくでしょう。特に、片時もスマホを離すことができない若者世代にとって、スマホを操作できない車の運転はストレスがたまることですから。自家用車マーケットは今後、着実に縮小していくと思われます。

第5章

関連企業の取り組み

- 株式会社オリエンタルコンサルタンツ ·················· 132
  交通を活性化し、地域住民の意識を高める交通まちづくりを提唱
- スズキ株式会社 ······································· 138
  好調なインドでのコンパクトカー生産を軸に、顧客にとって価値ある車づくりを目指す
- 株式会社SUBARU ······································ 144
  「お客さまの笑顔のために」これからも追求すべき安全性
- スリーエム ジャパン株式会社 ··························· 150
  道路インフラを活用し、自動運転車の安全性と信頼性を高める技術を実用化
- デロイト トーマツ コンサルティング合同会社 ········· 156
  次世代自動車産業に対する政府・自治体への期待
- 東京海上日動火災保険株式会社 ························· 162
  CASE時代における自動車保険
- トヨタ自動車株式会社 ································· 168
  100年に1度のクルマ新時代へ
- 日産自動車株式会社 ··································· 174
  インテリジェント・モビリティでCASE時代を主導する
- マツダ株式会社 ······································· 180
  人間中心の車づくりを標榜し、内燃機関の極みを目指す
- ヤマハ発動機株式会社 ································· 186
  スローモビリティが地域課題を解決する

第5章　関連企業の取り組み

株式会社オリエンタルコンサルタンツ

交通を活性化し、地域住民の意識を高める交通まちづくりを提唱

　国土交通省では、高齢化が進む中山間地を対象に、道の駅を拠点にした自動運転の実証実験を昨年から全国13カ所で実施した。（48P 参照）そのうち、長野県伊那市の道の駅「南アルプスむら長谷」で、実証実験の計画策定から運営支援を行ったのが、建設コンサルタント大手のオリエンタルコンサルタンツだ。

　同社関東支店交通政策部の竹平誠治部長は「人口減少、少子高齢化の影響で公共交通が衰退した地域に、自動運転という光を当てて、高齢者対策への解決策を見出すことができました」と安堵の表情を見せる。

　実証実験は、道の駅を拠点に、周辺の公共施設や医療診療所など約5キロメートルの区間を自動運転レベル2（部分運転自動化）で走行。また、運転手不在のレベル4（高度運転自動化）の走行が400メートルの専用区間で実施されたほか、200メートルの磁気マーカ設置区間における自己位置特定や走行性能の検証なども行われた。

　同地区は、伊那市が運営するコミュニテイバス（実際には、地域のバス会社に業務委託）の巡回コースにはなっているが、ドライバーの慢性的な人員不足に悩まされ続けている。従って、自動運転は、「中山間地域の維持のため必要不可欠」（白鳥孝市長）として、地域内の生活の足を確保し物流を活性化すると同時に、ドライバーの人員不足を解消していく狙いがある。

株式会社オリエンタルコンサルタンツ

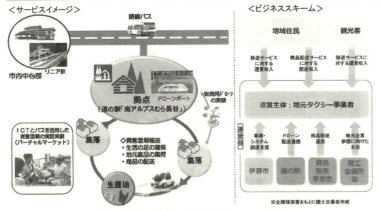

「南アルプスむら長谷」の自動運転実証実験と使用された車両

　実験の結果は、既に公表。自動運転車両の導入に関し、46％が賛成する一方で反対は1％にとどまり、歓迎ムードが顕著に示された結果となった。竹平部長は、「自動運転車両への期待が非常に高く、社会受容性を確認できたのは大きな収穫」と笑みをこぼす。調査の中身を詳しく見ると、50・60歳代、70歳以上の回答者は、買い物や通院などを目的とした日常の足として

関東支店交通政策部長
竹平　誠治（たけひら　せいじ）
1972年生まれ、広島県出身。97年埼玉大学大学院理工学研究科博士前期課程修了（建設基礎工学専攻）後、株式会社オリエンタルコンサルタンツ入社。2014年博士（工学）取得。17年交通政策部次長、18年10月より現職。

利用しているため「利用者の生活圏を考慮した運行エリア・ルートの設定が重要」（竹平部長）と言うわけだ。

　また、円滑な地域内物流支援への期待が高いことも分かった。乗客モニターの半数以上が、購入した商品・荷物を配達してくれるのであれば、配送機会・購入機会が増えると回答。竹平部長は、「中山間地域で、自動運転サービスをビジネスとして確立する上での大きなヒント」と将来を見据えたビジネスチャンスも展望する。

地域特性に合わせた車両の採用と実験内容が重要

　竹平部長は、「一口に中山間地域、高齢者と言っても、移動に関する課題には地域特性があるのが特徴です」と強調する。国や地方自治体が、自動運転を本格的に導入するには、「地域特性を踏まえ、地域に合わせた車両を採用し、運用計画を進めていくことが極めて重要」（竹平部長）なのだ。

　では、移動に関する地域特性とは、どんなことであろうか。同社が手掛けた国土交通省による自動運転実証実験の事例（熊本県芦北町の道の駅「芦北でこぽん」）をもう一つ挙げて検証してみよう。

　「芦北でこぽん」の場合は、道の駅を起点に、芦北町役場までを結ぶ走行延長約6.3キロで実施された。病院や図書館、保育所、JR佐敷駅、農産物集荷所など9カ所の停車場を周回。朝8時の便を農作物の集荷専用とし、10時～15時までの6便を一般車両として活用した。

　運転手不在の自動走行（自動運転レベル4）区間は0.4キロメートルで専用空間を走行。運転手が監視しながらの自動走行区間（自動走行運転レベル2）は、3.7キロメートルで、一般車・歩行者との混在区間を走行。最高速度は、自動走行区間では時速12キロメートル。手動運転区間は時速19キロメートルで実施された。

　実験に採用されたのは、ヤマハ発動機が開発した国内向け電磁誘導式ゴルフカート「G30sシリーズ」をベースにした7人乗り車両。障害物は、前方カメラを用いて検知された。地中に埋設された電磁誘導線に従い走行し、停止や加減速は、その位置に埋設された磁石の配置パターンを感知し

株式会社オリエンタルコンサルタンツ

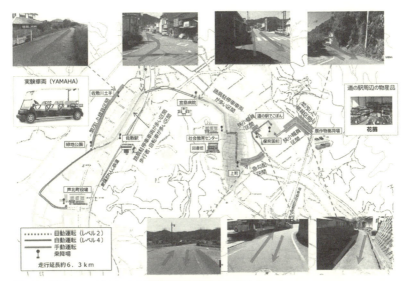

道の駅「芦北でこぽん」の自動運転実証実験の概要とルート

て行われた。

　竹平部長は「最高速度が時速20キロメートル未満の車両であれば、保安基準の緩和により、シートベルトの設置が不要です。風や土地のにおいを感じられるのが、このモビリティの魅力で、実際、地域外から観光客を誘客することができたのは、今回の実験の大きな成果でした。また、農作物を運ぶことにも活用し、地域内物流にも効果を上げました」と胸を張る。

　確かに、「南アルプスむら長谷」「芦北でこぽん」の2例だけを見ても、その内容は大きく異なる。前者の場合、ドライバー不足という事情の中で、公共交通を自動運転によって代替できるかという点が求められていた。一方、後者は、他の地域から観光客などの利用も視野に入れ、スローモビリティを活用して地域の特長や魅力を引き出すことが実験のテーマとして掲げられた。

　竹平部長は「中山間地域の交通まちづくりについては、高齢者を中心に誰もが移動できるということが全国共通の要件になってきます。ただし、地域がどのような目標を設定するかは、地域特性によって全く異なってくるのです。従って、私たちは地域特性に応じたさまざまな目標に対して、

地域の皆さんとともに効果的な手法を活用して新たな価値を生み出しているのです」と説明する。

道路を戦略的に活用することで、住民の行動変容を促し、都市の在り方も変化させる

　実はオリエンタルコンサルタンツが、建設コンサルタントとして地域課題を的確に把握し、最適な解決策を提案する対象は中山間地域に留まらない。と言うのも「交通まちづくりというテーマは、今や、都市中心部や地方都市などさまざまなエリアで求められている共通の課題」(竹平部長)だからだ。

　竹平部長は、「多くの地方自治体で人口減少を抱え、首都圏をはじめ都市に人口が集中する中で、都市中心部や地方都市などを含め、全国のあらゆる地方自治体が抱えるテーマとして、特に"交通まちづくり"という考え方が注目されています」と提唱する。

　"交通まちづくり"とは、人々の移動を促進し交通を活性化させることで、地域住民の意識を高め、まちづくりに役立てる考え方を意味する。特に、同社が着目するのが道路だ。「道路は、全国どの自治体にもあり、他の地域とつながっている唯一無二のインフラです。中山間地域や地方都市においては、『道の駅』という拠点もあり、都市部においては、構成要素の20～25％は道路が占めています。道路を戦略的に活用することで、地域住民が行動変容を起こし、結果として都市の在りようも変化していくというわけです」(竹平部長)。

　つまり同社の提唱する"交通まちづくり"とは交通工学、都市計画学など技術的な知見に基づく確かな道路交通技術とも言える。前述した自動運転も交通まちづくりの手法の一つに過ぎず、自治体の規模や地域特性によっては、「全く別の手法が効果的ということもあり得る」(同)。

　例えば、地方都市エリアの交通まちづくりでは「地域の安全・安心・快適なモビリティを確保することが要件」(竹平部長)とし、ビッグデータを活用したり、道路アプローチによる安全・安心なまちづくりなどが求め

株式会社オリエンタルコンサルタンツ

地域に応じた交通まちづくりのイメージ

られるケースが多くなる。

　他方、都市部の交通まちづくりにおいては、「人中心のにぎわいこそが要件」（同）と見て、交通結節点の整備や道路空間の多目的活用、多様な交通モードの連携による円滑化などがポイントになることが多いと言う。

　オリエンタルコンサルタンツは、地方自治体の規模や地域特性に応じた"交通まちづくり"を導き出し、未来志向型の都市・地域戦略を見据えている。

■株式会社オリエンタルコンサルタンツ

所　在　地　東京都渋谷区本町3丁目12番1号住友不動産西新宿ビル6号館
（本　社）　TEL：03-6311-7551（代表）　https://www.oriconsul.com/
代　表　者　代表取締役社長　野崎秀則
設　　　立　1957年12月24日
資　本　金　5億95万円
従業員数　従業員数：1077人（2018年4月1日時点）

第5章　関連企業の取り組み

スズキ株式会社

好調なインドでのコンパクトカー生産を軸に、顧客にとって価値ある車づくりを目指す

　スズキは、2018年定時株主総会で、2030年に向けたインドにおける自動車戦略を発表した。インドの乗用車市場は2030年に1000万台になると予想され、現在のシェア50％を維持すれば、500万台の規模になる。「シェア5割を確保し、年間500万台に向け、スズキはチャレンジしていきたい」（鈴木修会長）と高らかに宣言したのだ。
　同年3月期の同社決算は、インドがけん引してまさに絶好調と言えた。世界販売は、前期比10.5％増の322万台と過去最多を更新。そのうちイン

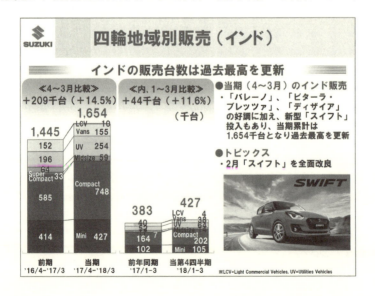

ドは、同14.5%増の165万台を占める。ハッチバックの「バレーノ」やセダンの「ディザイア」などが好調。SUV「ビターラ・ブレッツア」は、インドのカー・オブ・ザ・イ

インドの主力車種、「バレーノ」

ヤーである「Indian Car of the Year（ICOTY）2017」を受賞するなど、インドにおける同社（正確には、現地生産販売子会社マルチ・スズキインディア、以下マルチスズキ）の評価は高い。

　とは言え、500万台というと、現在のほぼ3倍の規模に当たる。同社の鈴木俊宏社長は「今まで、インドで自動車の販売台数が伸びてきた実績を基にした理論値」と前置きしながらも「2030年に500万台を達成するという前提に立ち、2018年、19年、20年には何が必要なのかを見極めていきます」と語る。同社にとっては未知の領域でもあるが、「コンパクトカーが、中間所得層が増えているインドをはじめ、東南アジアで非常に支持されている実績」がある。鈴木社長の口調は、丁寧で誠実な人柄がにじみ出るが、自信に裏打ちされた強い決意も感じられた。

**スズキ株式会社
代表取締役社長
鈴木　俊宏**（すずき　としひろ）

1959年生まれ、静岡県出身。83年東京理科大学理工学研究科修士課程修了。94年スズキ株式会社入社、2003年4月商品企画統括部長、2003年6月取締役、06年取締役専務役員、11年代表取締役副社長、15年6月より現職。

第5章　関連企業の取り組み

「現地化」には人づくりが一番のポイント

　スズキがインドに進出したのは、1982年。「現地化」をキーワードに、部品の現地生産や人材育成をいち早く手掛け、インドでの国産化比率は90％以上にも及ぶ。まさに同国のナレンドラ・モディ首相が提唱する「メイク・イン・インディア」施策を実践してきたと言えよう。

　現在、主力のグジャラート工場は、2017年に第一工場が稼働し、2019年初めには第二工場も動き出す。さらに第三工場の建設も予定されており、3工場全体で年間約75万台の生産能力を有する。サプライヤーとなるデンソーが同地に進出しているだけでなく、東芝・デンソー・スズキが、同国初となるリチウムイオン電池の生産工場を今年度中に立ち上げることが特長だ。鈴木社長は「私どもが単独でやるということではなく、サプライヤーとの関係を結集し、共に市場を開拓していくという姿勢で臨みたいですね」と意欲を燃やす。

　とは言え、既存のグルガオン、マネサール両工場を合計しても225万台規模で、500万台を生産するには、さらなる設備投資が不可欠だ。鈴木社長は「グルガオン、マネサール、グジャラートに次ぐ工場、すなわち第四～第七工場くらいは必要になってくるでしょう」と見通している。

　だが、やはり一番の問題は、「人づくりをどうするか」（鈴木社長）という問題だろう。グルガオン、マネサール、グジャラートの3工場を立ち上げる時は、現地のインド人社員を指導・管理するスーパーバイザーとして、日本から100～150人単位で人材を投入してきたが、今後はインドの3工場で働くインド人の中から、スーパーバイザーを見つけていけるかがポイントになる。

　こうした考え方は、生産工場だけでなく、販売ネッ

スズキ100％子会社の「スズキ・モーター・グジャラート社」の現地工場

トワークやサービス網の拡充にも共通する。現在の販売店は、約2700店舗だが、1万店舗に増やす方針を明らかにしている。これに伴い、セールスマンを現在の4万人から12万人に、サービスメカニックも3万人から10万人に増強していく計画だ。「ある国に根を張っていくには、その国の国民の皆さんに主役になってもらうのが一番です。従って生産から販売、サービスまでやってもらうのが基本だと考えています」(鈴木社長)。

当該国にとって最善な車を生産できる体制づくりを

　一方、インド政府は、2030年に新車販売の30%を電気自動車(EV)にする方針を打ち出している。この方針にのっとれば、マルチスズキは年間150万台のEVを生産・販売・サービスする体制を構築していかねばならない。

　しかし、停電が頻発するインドでは、「インフラ面からEV30%政策は成り立たなくなるだろう」と指摘する経済アナリストは意外に多い。2014年に政権を握ったモディ首相は、「2019年までに安定した電力供給を行い、頻発する停電をなくす」と公約。送配電会社から発電会社への支払いが資金難で滞り、13億人の国民に安定した電力を供給する計画も失敗の危機に直面している。そもそもEVに電気を供給できる体制が本当に構築できるのか、大いに疑問というわけだ。

　また、同社は、インドにおいて値段が比較的廉価なコンパクトカーメーカーとして、受け入れられてきた歴史がある。こうした中で、適正な価格でEVを出せるのかという課題もある。

　鈴木社長は、できる限りインド政府と意見交換を密に交わし、「インドにとって最善な車を生産できる体制を構築していきたい」とほほ笑む。このため、スズキは2017年11月にトヨタ自動車と覚書を結び、インドにおける共同プロジェクトを協議している。鈴木社長は「コンパクトカーのEV化に向けては、トヨタさんの技術をお借りする場面があるかもしれません。何より、生産能力増強という意味からトヨタさんの工場をお借りする可能性もあるでしょう」と同社との協調領域を説明する。具体的な協調部

第5章　関連企業の取り組み

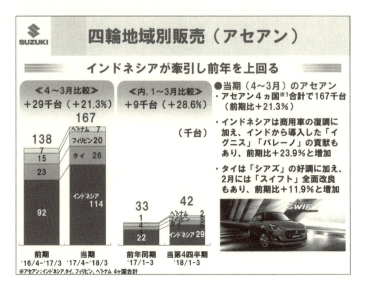

分については、「静かに深く話し合っています」（鈴木社長）。

　鈴木社長は、インド以外の海外戦略の主要ターゲットとして、インドネシア、タイなどのASEAN諸国やパキスタン、バングラデシュ、スリランカなどの南アジア諸国を挙げる。いずれの国も、国の成長に伴い、今後中間所得者の増加が予想されていると同時に、過去に中古軽自動車の販売が好調だったという特徴がある。鈴木社長は「当社の規模をシビアに俯瞰（ふかん）すると、すべての国々のニーズにマッチングさせていくのは難しい。インドを軸に、コンパクトカーが受け入れられやすい可能性が高い国を選択していく」と同社の海外戦略の要諦を説明する。

国内販売は、今後も軽自動車・コンパクトカーが中心

　国内の販売戦略については、スズキの戦略は明確だ。同社は自動車業界の中で、軽自動車という分野に的を絞り、経営資源を集中してきた。この流れに「変わりはありません」（鈴木社長）と言い切る。実際、同社の国内販売台数は約67万台で、その内訳は、56万台が軽自動車、11万台が小型車になっている。まさに、軽自動車が同社の屋台骨を支えていると言っても過言ではない。

日本は道路の幅が狭いところが多く、鈴木社長は「軽自動車は、特に女性や高齢者のドライバーの皆さんから『運転しやすい』とのご評価を頂戴してきました。今後も超高齢化、人口減少という流れの中で国内市場を見据えると、軽自動車を中心としたコンパクトカーの生産が中心になるでしょう」と強調する。

　一方、顧客の立場になって価値ある製品づくりのためには積極的かつ柔軟に取り組む姿勢も明らかにしている。「これだけITが進んだ中で、車だけが独立した空間という世界はもはや終わっていると感じています。IoT化によって、いろいろなモノがつながり、車もその例外ではありません。むしろ、お客さま目線で『これ便利だよな』というものを積極的につなげて、自動車の中で具現化していく発想が重要でしょう」（鈴木社長）。

　こうした流れを受けて、同社は、2016年9月から地元の浜松市や遠州鉄道などとともに、自動運転技術の実用化を目指した「浜松自動運転やらまいかプロジェクト」にも参画している（86P参照）。実証実験を通じ、地域住民の移動の利便性向上を見据える。鈴木社長は、参加の理由を「地域の課題の中には、頭で考えてもなかなかクリアできない課題もあると思います。実証実験をやりながら、どういうことが問題なのか検証したいと考えました」と述べる。もちろん、「浜松で育ててもらった」（鈴木社長）思いの中で、地域に貢献していく狙いもあるだろう。

　スズキは、2020年に創立100周年を迎える。次の100年を見据え、ものづくりの基盤強化に向けての命題を顧客の中に求めていく。

■スズキ株式会社

所 在 地 ▌〒432-8611　浜松市南区高塚町300
　　　　　TEL：053-440-2061　URL：http://www.suzuki.co.jp
代 表 者 ▌代表取締役会長　鈴木修
　　　　　代表取締役副会長　原山保人
　　　　　代表取締役社長　鈴木俊宏
設　　立 ▌1920年3月
資 本 金 ▌138,064（百万円）（2018年3月末時点）
従業員数 ▌6万5179名※（2018年3月末時点）※連結会社合計

第5章　先進企業の取り組み

株式会社 SUBARU

「お客さまの笑顔のために」これからも追求すべき安全性

2030年、SUBARU車による死亡事故をゼロに

　2017年、「富士重工業」から社名を「SUBARU」へ改めた。SUBARUと聞けば長きにわたり一貫してSUBARU車を愛好する"スバリスト"の存在で知られるように、1953年の創立以後、常に特定ファンを惹きつけ続け、今では北米にも広く"スバリスト"が増えている。事実、同社売り上げの7割を北米市場が占め、2018年7月に策定された2025年までの新中期経営ビジョンでは、米国5％シェア挑戦と世界各地域の着実な成長を、目標として打ち出している。

　もちろん、ラインアップの主体となる「IMPREZA」や「LEGACY／OUTBACK」シリーズなどが、競合他社にない独自の魅力を多く備えているが故に多くの特定ファンを惹きつけてやまないのだが、その数ある魅力の一つとなっているのが同社黎明期から一貫して追求してきた高い水準の安全性だろう。1917年の中島飛行機創業以来、当時の航空機の技術や思想がその後のSUBARU各車にも継承されてきたが、その主要な柱である安全性に関する考え方も脈々と受け継がれてきた。多くの車が走行性やデザイン性を追求していた1970年代、すでに同社では歩行者保護装置の研究を行っていたことを示す映像が残っており、安全に対する強いこだわりが見受けられたという。日本の都市部のように道路が狭く歩行者との距離が

近い交通状況では運転中の視界確保が重要視されるが、それはまさに航空機づくりの観点から、現在でもドライバーの良好な視界をいかに保持するかという点でSUBARU各車にも反映されている。

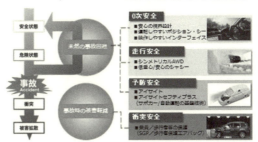

同社・大拔哲雄専務は、「グローバルな自動車メーカーとしては当社の規模は小さいながら、事業を展開する上ではお客さまにとって価値あるものでなければならない、当社においてその一つが安全性です。リアルワールドにおいてお客さまの事故を減らすことを追求してきましたが、その理念が日本はもとより、北米市場において認められてきたのかな、という気がします」と実感を込めて語る。その言葉通り今年7月に公表した新中期経営ビジョン「STEP」では、SUBARU車による死亡事故を、2030年にゼロにするという大胆な目標を掲げた。過去10年来、「安心と愉しさ」をユーザーに提供する価値として位置付け、大手メーカーとは一味違うモビリティを造り続けて来た。安全性はこれを姿にする基

株式会社SUBARU
取締役専務執行役員 技術統括本部長 CTO
大拔　哲雄（おおぬき　てつお）
1960年11月15日生まれ、中央大学理工学部卒業。
1984年4月入社
2014年5月執行役員スバル技術本部副本部長
2016年4月常務執行役員スバル第一技術本部長兼スバル技術研究所長
2018年4月専務執行役員CTO兼技術統括本部長兼第一技術本部長、6月取締役専務執行役員。

盤技術であり、これからも追求する方針だという。CASEという、モビリティの一大変革期において、会社創立以来半世紀を超える安全性の追求と高い目標の達成、そして「安心と愉しさ」の恒常的実現をどのように整合させようとしているのか、その事業戦略が注目される。

「CASE時代の到来により、自動車の可能性が大きく広がると思いますが、当社としては何より、この変化は"より安全に"がキーになると捉えています。これまで培ってきた安全性をさらに高める技術や手段が、この機に整備されるのではないか」と大抜氏は、大きな変化のうねりにあって普遍的な核心部分がより一層強固になるとの考えを示した。CASEの各文字を分解して、同社独自の解釈に基づく方向性を深化させるという。例えばAは、同社オリジナルの先進安全運転支援システム「アイサイト」と捉え、SはSAFETYに置き換えている。またCにあたるCONNECTEDによってさらに安全性を高めることが可能、としている。自分が運転する車では安全性が確保されても、対向車や後続車の運転によって避けがたい事故に巻き込まれる可能性は否定できない。万一事故が発生して負傷した時、CONNECTED機能によってすぐに自動通報されて生命を救う、重傷化を防ぐという対応が可能となるためだ。むろん、CONNECTEDによって事前に道路情報を得、前方の渋滞状況などを感知しておけば追突などの事故回避につながる。CASEによる大きな変化を従来からの方針に役立て強化させるという点で、同社の理念に揺るぎはないようだ。

「オールアラウンドセーフティ」に基づく「4プラス2戦略」

さて、車における安全確保というと、具体的には事故を回避する自動ブレーキや衝突が発生した場合のエアバッグなどがイメージされるところだろう。だが、これだけで2030年SUBARU車による死亡事故ゼロの達成はやはり難しい。そこで同社では「オールアラウンドセーフティ」という概念を打ち出している。車に搭載されたすべての機能は安全性につながるという考え方で、極論すれば、真夏の砂漠を走行しているときの冷房機能、極寒地での暖房機能など、エアコンは運転中の快適性だけではなくドライ

バーや同乗者の安全確保に通じる。同社では「未然の事故回避」と「万が一の事故時の被害軽減」の安全思想に立ち、事故分析も踏まえ、0次安全、走行安全、予防安全、衝突安全の4分野の向上に注力してきた。0次安全では、前出のように周辺認知のための良好な視界確保などがこれに該当する。事故分析によると、SUBARU車の視界性能の良さが交差点などでの事故率の低さに繋がっていると推測されるデータが出ているという。これら4分野に加え、さらに「つながる安全」と「知能化による安心感向上」の2点を新たな取り組みとして加えた「4プラス2戦略」をもって目標達成を目指している。

同社では上記4分野のうち、先進安全運転支援（ADAS）の強化、すなわち「ぶつからない性能」の拡充をポイントとしており、それを体現するのが、前出の「アイサイト」である。「ぶつからない」とは、車を運転中の周辺環境を認知し、何らかの障害があれば、人または車が適切な判断とブレーキやハンドル操作などを行い、衝突を回避することに他ならない。アイサイトでは、この一連の対応を支援すべく、自動ブレーキで衝突を避ける「プリクラッシュブレーキ」が機能の一つに含まれる。車両天井部に設置されたステレオカメラによって歩行者や前方車両を認識し、警報音と警報表示でブレーキを制御する。また同じく車両後部のセンサーが障害物を検知してバックの時の衝突を回避する後退時自動ブレーキシステム、主に発進時の誤操作による急な飛び出しを防ぐAT誤発進抑制制御＆AT誤後進抑制制御機能も併せ持つ。

他にもアイサイトには安全運転の支援、運転負荷の軽減、視界の拡張な

第5章　先進企業の取り組み

ど、事故未然防止につながる各種機能が搭載され、総合的にドライバーを支援する。例えば運転中に疲れからくる集中力散漫は事故につながる恐れが高いことから、疲れないために運転負荷を軽減する機能（アイサイト・ツーリングアシスト）では、先行車との車間距離を維持しつつ減速・停止保持しながら先行車に追従する全車速追従機能付クルーズコントロール、走行車線両側の区画線を認識し車線の中央を維持して走行する機能、"うっかり"を注意してくれる警報＆お知らせ機能などが搭載されている。

同社ではこれらアイサイトの多彩な機能により、人身事故率を6割以上低減するなど、確かな効果を上げているという。さらに同社の新型「FORESTER」では、ドライバーの覚醒やわき見などの状態を把握し、必要に応じ警報するためのドライバーモニタリングシステムを搭載した。これには、顔認証によるシート位置自動調整などADAS以外の便利機能も含まれている。対歩行者、対自転車など、交通弱者に対する車のありようには「まだ課題も多い」（大拔氏）と言うものの、その安全に対する絶えざる希求が確かな実装になっていくと思われる。

「ADASとドライバーの信頼関係を」

CASEを突き詰めた先、もしくはヒューマンエラーの機会を無くすという意味で最も事故ゼロを実現する方途は自動運転、という考え方もある。これについて同社は、自動運転は言わば一つの究極であり、その実現に至るプロセスは当面、ADASとドライバーの相互信頼、共同作業で実現するもの、とのスタンスを取っている。大拔氏は言う。「米国などでは自動運転により自動車事故ゼロを実現できるとの論調がありますが、これは理論上間違いではないものの、現段階では理想の域を出ていません。機械ですから故障のリスクはゼロにはできず、万が一の場合に運転によって制御できそうな機会を失くして良いものかという懸念が常に発生します。逆に、クルマに乗るだけで自動運転車に全幅の信頼を寄せるに足るほどの機械ですと、今度は高価になりすぎて一般の人が購入できる範囲を超えてしまうでしょう。そうするといずれにしても自動運転の幅広い普及は難しく

なります。少なくともこれからまだ10年先は、自動運転によって事故ゼロを実現すると考えるのは時期尚早だと思います」。

では、ADASとドライバーの相互信頼とはどのような形なのか。人間の場合、常に良好なコンディションで運転できるとは限らず、その日の体調によって集中力の持続度も異なる。そこを各種センサーなどADASが補うことができれば、同社が目指す死亡事故ゼロ達成できるとの考え方だ。従って、目指すべきは自動運転ではなく死亡事故ゼロであって、そのためにアイサイトの高度化などぶつからない機能の進化を図ることによって、結果として自動運転に近づくというスタンスを取っている。実際に前述の「ツーリングアシスト」は自動運転のいわゆるレベル2（部分運転自動化）にあたり、すでに2017年には販売を開始した。そして2020年には車線変更なども自動で制御できる進化版レベル2を計画している。さらに2024年以後に向けて、高速道路や主要道路でのレベル2以上の自動運転車も検討しているところだという。

同社はこれまで、各種商品をリアルワールドで鍛え提供してきた。今後はこれら知見のデータベース化とMBD化（モデルベース開発）を組み入れる開発プロセスの改革を行うという。大拔氏は、「その上で、さらにリアルワールドでの検証を重ね、より人の役に立つ車、人生のパートナーとして信頼できる車を、他に先がけて開発していきたいですね」と締めくくった。

■株式会社SUBARU

所　在　地 ▍東京都渋谷区恵比寿1-20-8　エビススバルビル
　（本　社）　　TEL：03-6447-8000　　URL：https://www.subaru.co.jp
代　表　者 ▍代表取締役社長　中村　知美
設　　　立 ▍1953年7月15日（創業：1917年）
資　本　金 ▍1537億9500万円（2018年3月末日現在）
従 業 員 数 ▍1万4879人（2018年3月末時点）

第5章　関連企業の取り組み

スリーエム ジャパン株式会社

道路インフラを活用し、自動運転車の安全性と信頼性を高める技術を実用化

車載センサーの的確な認識をアシスト

　世界有数の化学・電気素材メーカーであるスリーエム（3M）は、各種交通標識や車線などの路面標示材といった交通安全の分野で約80年の歴史を持つ。近年では、DG3超高輝度プリズム標識や全天候型路面標示材を開発。

　こうした長年の経験とノウハウを元に、標識やマーキングを利用して、自動運転車向けに情報を発信する「コネクテッド・ロード・プログラム」が開発された。

　カスタマーリレーション本部本部長、萩原広法氏は感慨深げに語る。「乱反射することなく、照射された光に対してそのままの角度で光を返す再帰性反射の技術を世界で初めてこの分野へ応用したのが当社で、80年前のことです。他の車や助手席の同乗者にとって眩しくなく、運転者だけに標識に示された情報を与えるもので、電源も不要です。これは当時としては画期的でした。その技術が80年の時を超えて、今また最先端の技術に応用される。これは大変面白いことだと思います」。

　現在開発されている自動運転車の多くは、カメラ、レーダーなどのセンサー類や、GPS受信機など、車載システムが車両周辺の情報を把握して自律走行する。このため、同社では「自律走行を支援するためには、その

ための道づくりも欠かせない」と、道路インフラの面から自動走行をサポートするという発想で、独自に開発を進めてきた。

　従来の路面標示材は運転者が見やすいことを最優先にしてきたため、夜間や雨天時には自動運転車載センサーやカメラでは認識が困難な場合が生じる。「例えば、道路の白線です」と萩原氏は例を挙げる。「あの白線の中にはガラスビーズが入っていて、夜間はライトが当たるとその光が反射して、よく見えるようになっています。ただし、ガラスビーズは屈折率が低いため、雨に濡れると光が散乱して見えにくくなります。車載センサーやカメラも機能不全に陥るのです」。そこで、同社は車両から照射されるヘッドライトの光を逆向きに返すことができるように屈折率を工夫したガラスビーズを反射材として用いることにした。これによって、夜間や雨天時を含め、センターラインや車線境界線をよりはっきりと運転者に見せることができるようになると同時に、車載カメラでの認識率を格段に高めることができるようになった。

　「このガラスビーズは、ダイヤモンドに近い非常に高い屈折率を持つセラミック粒子が中に練り込まれています。しかも乾いているときに反射するセラミック粒子と、濡れているときに反射するセラミック粒子の両方をミックスさせています。たとえ豪雨で路面が水没しても、よく見えることにいささかの変わりもありません」。人間の目にも機械の目にも鮮明であ

スリーエム ジャパン株式会社
カスタマーリレーション本部本部長
萩原　広法（はぎわら　ひろのり）
お客さまとのコラボレーションを推進するカスタマーリレーション本部を所管。
Idea Generation Workshop などを通じてお客様の根本的な技術課題を引き出し、3Mが有する46の要素技術（Technology platform）とマッチングさせて難題解決に結びつける事業戦略（Customer Inspired Innovation と称する）を推進。

第5章　関連企業の取り組み

悪天候下でもセンサーから認識されやすい路面標示材をご提案

ADASからの認識性を高めた路面標示材

道路に敷くゴム系材質の反射材

ること。「ヒューマンビジョンのみならずマシンリーダブルであること」と萩原氏は表現する。ということは、今すぐに敷設すれば、交通の安全性を高めることができるし、来るべき自動運転時代にも、そのまま対応できることになる。「つまり、決して二重投資にならない。この点も大きな特徴です」と、萩原氏は導入メリットを強調する。この反射材には貼るタイプと塗るタイプがある。ゴム系の粘着性のある材質のため、衝撃に強く、伸縮性があるので、ひび割れも起きにくく、長持ちするという。

　さらに同社は、2019年の実用化を目指して新しい路面標示材を開発中だ。人間の視認性をさらに向上させるため、反射性能をいちだんと高める

とともに、コントラストをより強調。夜間や雨天時でも車載カメラが車線を的確に検知して、ADAS（先進運転支援システム）の一つである車線維持システムを確実にアシストできるよう工夫されている。

機械にコードを読み取らせる特殊フィルム

現在開発中の技術にもう一つ、自動運転車の機械だけが読み取れる情報を付加したバーコードを備えた標識（スマートコード）を加えておきたい。「これは波長をコントロールする技術を応用したもので、可視光線を通して赤外線だけを反射します。標識の上に、あるパターンを描くと、その部分だけが赤外線を全反射します。すると、コードが浮き上がってくるのです。もちろん、先ほどご説明した再帰性反射の機能は維持しています」。

萩原氏のこのフィルムについての説明を要約すると、次のようになる。人間の目には通常の標識と同じように映るが、標識面に赤外線を反射する材料でコードを貼ることにより、自動運転車載センサーが標識に付与されたさまざまな情報を認識できるようになる。このコードには、標識そのものの固有情報だけでなく、標識設置場所の緯度・経度といった位置情報や、設置年月日、さらには道路工事や通行止めなど、一時的な交通規制情報が埋め込まれていて、これを車載システムが読み取ることで、自動運転車は効率的な走行のための最新の道路情報を入手することができる。特に位置特定に関しては、トンネル内やビルの陰などに入るとGPSが使えないことから、その補完機能として注目されているところだ。「コードは赤外線で読み取るため、標識の表面に貼り付けるだけで済みますから、標識は既存のものをそのまま使うことが可能です」と、萩原氏はその手軽さを指摘、しかしメリットは手軽さだけではない。

「コードそのものに多くの情報を盛り込まなくても、車両搭載あるいはクラウド上のデータベースと照合することで、さらに多くの情報を車両システムが認識することができます。たとえば、『500メートル先で緊急工事のため車線規制中です』といった情報を、瞬時にこのコードを通じてドラ

イバーに提供できる。道路工事関係者がこれらの技術を応用することで、恒久的に設置する標識に限らず、道路工事区間や、さらには事故現場を示す標識としても活用できるわけです」。アメリカのスリーエム本社で、すでに2017年3月から実証実験を実施している。これはミシガン州デトロイト市郊外の高速道路の工事区間を利用して行われたもので、時速96キロの高速走行で、150メートル前方のスマートコードに埋め込んだ車線規制の情報などを認識することに成功した。また、昼間から薄暮、夜間にかけて環境がさまざまに変化しても、車載センサーはスマートコードの認識を的確に行った。雨天時の実験ではセンサーが人よりも早く標識を認知したという。

グローバルスタンダードを目指して

公道を走行するすべての車が自動運転になるには、まだ長い年月が必要といわれる。つまり、人間が運転する車と自動運転の車が、長期間にわたって混在することになる。そういう意味では、両方にわかりやすく情報を伝えられるシステムが求められることになる。「人間の目には道路標識に見えて、機械はそこからなんらかの情報を読み取る。しかも、既存の標識も活用できる。そういう路車間通信の一助になれるのではないでしょうか」と萩原氏はこれらの開発意義を語る。

国土交通省では、2020年東京オリンピック・パラリンピックで完全自動運転車を走行させる計画だが、これを見据えての早期の実用化を同社は目指している。法整備などの条件さえ整えば、アメリカのような実証実験を早期に行いたいと考えているという。

「これをグローバルスタンダードにするというのが当社の最終的なゴールです」と萩原氏。今後は自動運転技術のローコスト化のための技術として売り込んでいきたいとも語る。「現在は画像処理で標識を読み込んで『止まれ』や『50』などの制限速度を認識しているわけですが、標識は国によって大きさ、色、フォントなどの規格がばらばらです。特に日本の場合は付帯情報が複雑で、進入禁止ではあるけれど『日曜日の8時から10時

の間だけ』などと小さな文字で書いてあったりします。ドライバーもしばしば見落として警察官に捕まったりしますよね。それを機械が読み取るのも、ものすごく大変です。画像の精度を上げるためには高精度のカメラが必要になりますし、処理するCPUも巨大なものになります。そうしたシステム全体を、当社の技術を活用することで、ローコストにできるのではないかということです。自動車メーカーさんや部品メーカーさんに、今ご提案しているところです」。

自動運転システムによって高齢ドライバー支援や過疎化地域の移動対策を推進するにしても、ローコスト化は欠かせない要件となるだろう。また、萩原氏が指摘するように、グローバルな規格統一が必須条件である。その意味でも、同社の道路インフラからの視点が重要であることは間違いない。従来は自動車からの視点でハイテクを追求してきたといえる。同社の技術は、その意味で、後回しにされてきた感のある道路インフラを、次のステップへと踏み出させる大きな力になりそうだ。

その上で、萩原氏は関連事業者との連繋が大切だと締めくくる。「仲間づくりが大切ですね。当社だけではカバーしきれない領域がたくさんありますから。ゆくゆくは動的な情報も提供できればと考えています。それが当社の夢でもあるのです」。

■スリーエム ジャパン株式会社

所　在　地（本　社）〒141-8684　東京都品川区北品川 6-7-29
TEL：03-6409-3800（代表）
URL：https://www.3mcompany.jp/3M/ja_JP/company-jp/
代　表　者　代表取締役社長　スティーブン・ヴァンダー・ロウ
創　　　業　1960（昭和35）年 2 月23日
資　本　金　9 億6000万円
従業員数　3 Ｍジャパングループ2717人（2017年12月末日現在）

第5章　関連企業の取り組み

デロイト トーマツ コンサルティング合同会社

次世代自動車産業に対する政府・自治体への期待

各都道府県が次世代化に対応

　現在、世界150カ国で監査・保証業務、リスクアドバイザリー、コンサルティング、ファイナンシャルアドバイザリー、税務、法務等を提供するビジネスプロフェッショナルネットワークであるデロイト。その一員として日本のコンサルティングサービスを担うデロイト トーマツ コンサルティングは、大きく変容しつつある自動車業界の動向を分析し提言を行っている。

　自動車はわが国の基幹産業であるが故に、多くの都道府県で多かれ少なかれ次世代に向けた取り組みを推進中だ。その模様をデロイト トーマツ コンサルティング 自動車セクターリーダーの田中義崇氏はこう分析する。「まさにモビリティが変わろうとしている現在、多くの自治体が自動運転やシェアリングなど、日本の地方自治体が抱える社会課題のラストワンマイルに焦点を当て、関連企業と連携し次世代化への流れに対応しようとしています。その内容はさまざまで、地域社会それぞれの実情に応じた取り組みが個別に進んでいると言えるでしょう」。国が掲げる大きな方向性に基づくだけではなく、むしろ企業が打ち出す方策に自治体が乗ずる構図があるという。環境に重点を置いている欧州、この機に国を挙げて産業振興を図る中国とは一線を画す、日本ならではの次世代に向けたアプローチと

電動化の影響

出荷額：百万円

順位	都道府県	2014			2015		
		自動車部品	エンジン関連	電動化の影響度	自動車部品	エンジン関連	電動化の影響度
1	愛知	11,358,420	1,769,831	15.6%	12,658,664	1,961,764	15.5%
2	静岡	3,221,854	662,900	20.6%	3,122,169	593,849	19.0%
3	群馬	1,813,595	510,172	28.1%	1,949,077	469,310	24.1%
4	神奈川	1,769,414	463,527	26.2%	1,917,154	504,941	26.3%
5	埼玉	1,362,945	319,720	23.5%	1,346,846	279,281	20.7%
6	兵庫	1,074,248	149,193	13.9%	1,310,674	175,567	13.4%
7	三重	1,130,113	306,982	27.2%	1,202,175	331,308	27.6%
8	広島	954,284	90,716	9.5%	1,104,448	63,548	5.8%
9	栃木	724,344	105,046	14.5%	756,640	114,906	15.2%
10	岐阜	649,532	88,326	13.6%	705,369	93,098	13.2%
	全国	39,178,250	6,432,833	16.4%	41,815,679	6,577,206	15.7%

出所：経済産業省 工業統計（平成26年、27年）

© 2018. For information, contact Deloitte Tohmatsu Consulting LLC.

電動化により各地域で自動車産業の10〜30％が消失する恐れ

いうわけだ。

　むろん、自治体による自動車産業への支援、特にコネクテッドやカー用品、各種サービスを対象とした"川下"ではなく、従来型の素材や部品などモノづくりに関わる"川上"に対しては従前から脈々と支援が続いてきた。その中でも次世代自動車へのシフトを明言している自治体が増えてきているのが、現在の新たな潮流なのである。まだ各自治体とも次世代自動車を指向し始めたところで、具体的な成果に至っているとは言い難いが、自動車業界だけでなく各企業群を擁する自治体が大きく不可避な変化に対

デロイト トーマツ コンサルティング合同会社
自動車セクター リーダー

田中　義崇（たなか　よしたか）

東京都出身。慶應義塾大学商学部卒業。

自動車セクター マネジャー

西原　雅勇（にしはら　まさお）

鹿児島県出身。京都大学工学部卒業。

第5章　関連企業の取り組み

自治体の取り組み

出所：各自治体のホームページ（2018年6月時点）

多くの自治体で次世代に向けた取り組みを推進

応しようとしていることは間違いない。そして、実際に各自治体内で地元企業を盛り上げているのが完成車メーカー各社だと田中氏は指摘する。次世代に向けた自治体の取り組みには、当該自動車関係だけでなく、多くの企業の参画が不可欠になりつつある。

　現在、地方自治体は地元の自動車関連企業の状況把握に努めているという。浜松市商工会議所に属する団体「浜松地域イノベーション推進機構」は、2018年4月に「次世代自動車センター」を立ち上げ、同センター内で静岡県西部地域の自動車産業が次世代化にシフトできるよう支援していく体制を整えた。自動車セクターマネジャーの西原雅勇氏は「地域経済・産業を支える自動車関連企業各社が今どのような技術をもっているのか、新たな取り組みはどのようなものか、次世代化へ向けた意識の有無等を明確化するためには、現在の状況を詳細に把握する必要があります」と話す。こうした情報収集を行った上で、今後は具体的な支援策が展開されていくことだろう。他の自治体においても同様に現状把握の取り組みが進みつつあるようだ。それはすなわち、多くの自治体が足下の自動車産業の概況をつかめていないことを意味する。その後、新しいビジネスの波に対応しきれるかどうかは、経営者の判断に拠るところであろう。

自治体からの戦略的支援が不可欠

　それと同時に、「これまで培ってきた既存技術をさらに磨き、企業のニーズにいかに応えていくかが肝要」と西原氏は指摘する。「上流部分に対し提案や試作を提示できる企業こそ、次のフェーズに進めると思います。むしろニーズが下りてくるのを待つのではなく次なるニーズを積極的に捉えていくことが重要です。CASEが進むと、車のつくり方自体も変わっていく。つまり、これまで特定企業の系列に属していた部品会社でも、電気自動車（EV）の普及によりプラットフォームが『競合他社』と共通化されると、その『競合他社』もお客さまとなるわけです。従来の系列内のニーズだけに応えるのではなくなり、またニーズの対象も変わっていくことになります。技術を磨く基本的なことは従来から変わらないとしても、その領域は少しずつ変化しています」。その観点に基づき、現在情報収集から試作品製作の機会創出に取り組んでいるという。

　当然、変化に対応していくためには、さらなる投資、例えば新しい試験設備導入などが必要となる。しかし、中小企業においては先行投資もままならないことも多く、それに対し自治体がいかに戦略的に支援するかが問われるだろう。ある県ではすでに10年ほど前から自動車産業の将来を見据え、自動車メーカー、地銀、そして県庁が連携して対応策を協議してきたが、近年の電動化や自動化への進展が想定よりも早まる中で、議論により本腰を入れ始めているそうだ。各自治体とも変化の速さを捉えて早期に手を打つことの重要性を認識し始めている。

　中小の自動車関連企業を支えるためにも、インフラ整備に関わる自治体、メーカー、金融等の各プレイヤーの重みがさらに今後増していく。「車の在り方が変化するのに応じて、国や自治体からの支援もまた変化していくのが望ましいですね」と西原氏は話す。例えば、従来ガソリン車の部品に対し行っていた評価内容について、今後EVに移行することにより評価の視点、見るべきポイントが変わっていく。そこに産業支援センターなどが評価試験機を導入して部品会社に使わせる、といった体制も考えら

第5章　関連企業の取り組み

れる。

　一方、自治体主導のマッチングなども引き続き不可欠な要素である。CASEの進展による特に"川下"を中心に、これまで自動車とは関わりのなかった異業種からの参入が想定される。より一層、既存の自動車関連企業とのマッチングが重要になると同時に、「自治体による、新規企業が参入しやすい環境づくりも欲しいところ」だと西原氏は指摘する。

　また企業間のみならず産学連携も求められる。中小企業では大学の研究室と連携をする機会に乏しく人脈も希薄であろう。この点も自治体のマッチングに期待が寄せられる。「国や地方自治体による民間企業支援の点で最も重要だと思うのは、やはり規制緩和です。例えばEVの普及に合わせて、充電関係の規格がクローズアップされてくるでしょう。この点、欧州では人材流動性の高さも手伝い、オール・ヨーロッパとも言うべき一体的体制を整えています。それに対して、日本は人材流動性に乏しく事業者間をまたいだ規格の統一は図られ難い。そのため日本において規格化などは国がより注力すべき領域だと思います」。

存続のカギは提案力にあり

　今後、CASE社会の到来によって自動車、特に車体を構成する部品業界はどのような影響を受けるのだろうか。同社では、都道府県ごとの電動化による既存産業への影響度を測定しているが、「クルマに求められる信頼性、安全性が変わらない限り、自動車部品に求められる要件はそれほど変わらないと思います」と推測する。「シェアリングの進展により車が売れなくなり、必然として部品の需要も減ると思われがちですが、シェアリング用のクルマが故障すると一大事なので、より部品に対する信頼性が増すという側面があります。また電動化すればエンジンからモーターへの変化は起こるでしょうが、バッテリーとその付帯など新しい部品の需要が生じます。つまり、自動車部品産業全体として量的観点でもトータルでプラスマイナスゼロになるだろうというのが率直なところです。また、これまでは完成車メーカーが系列の企業に深く関与する状態にありましたが、

CASEの進展につれて完成車メーカーも自らのことで手一杯となり、系列各社からの提案を待つ機会が多くなると考えられます。つまり、部品の付加価値はこれまでと変わらないながらも、さらなる提案が求められる環境になってくると、指示を待つだけの企業は今後苦しくなるかもしれません」。企業存続のカギは、部品の質の競争から様変わりし、どう提案できるかに帰するということだ。

　また、かつての米国ニューディール政策のように、国が中小の部品会社を含めた自動車産業を、適切な方向性へ導く役割も果たすべきだろうと田中氏は期待している。CASEの進行、すなわち既存のエンジン車からEVへ移行するにあたり、核となるパワー半導体は日本が強みを持つ。これが新たな基幹産業として位置付けられた場合、EVは大きく普及していくことだろう。まさに国の政策的判断、大手企業の戦略的計画が必要とされる。

　「将来的にはタクシーが自動運転化され、複数の乗客が同時利用する時代がやって来ると想定しています」と田中氏は最後に展望する。「しかし、すべての公共交通が自動運転化するわけではなく、従来型モビリティと次世代自動車が共存する時代が到来するでしょう。その中で、日々の個人の行動履歴があまねく取得されデータ化される現在、それらはビジネスの源泉でもありますから、海外にわたるべきものでないことを日本政府も強く意識していただきたいと思います」。CASEが進展するほどに、国の果たす役割は大きく、また民間からの期待度も強くなるようだ。

■デロイト トーマツ コンサルティング合同会社

所在地（本社） 〒100-6390　東京都千代田区丸の内2-4-1 丸の内ビルディング
　　　　　TEL：03-5220-8600（代表）
　　　　　URL：www.deloitte.com/jp/consulting
代表者 代表執行役社長　宋　修永
設立 1993年4月
資本金 5億円（2018年4月1日現在）
従業員数 2598人（2018年4月1日現在）

第5章　関連企業の取り組み

東京海上日動火災保険株式会社

CASE時代における自動車保険

1　はじめに

　今、自動車業界のメガトレンドを示す言葉といえば「CASE」が挙げられる。これまで自動車は、石油で動くエンジンを動力源とし、ドライバーの運転操作により走る・止まる・曲がるといった動的要素を実現する機械装置として認識され、それを所有することが一般的とされてきた。しかし、CASEが指し示す世界は、このようなこれまでの常識を180度覆すものである。すなわち、電気で動くモーターを動力源とし、システムがさまざまなデータを外部ともやり取りしながら自動車の動きをコントロールする、また、所有するのは自動車そのものではなく自動車を利用する権利という世界観だ。以下ではそれぞれのトレンドの特徴と、それによる保険ビジネスへの影響について考察したい。

2　C：コネクテッド

　人々にとってインターネット環境がより身近な存在となっている現代において、スマートフォンをはじめとした通信機器のみならず、あらゆる"もの"がインターネットに接続し、これまで単一の機器ではなし得なかった機能が実装されつつある。このような状態はIoT（Internet of Things）と呼ばれ、人々の生活をより便利な方向へと導くことが期待されている。

このトレンドは自動車においても例外ではない。自動車をインターネットに接続し、外部データと接続する、または、自動車単体では取得することのできないデータを自動車内に取り込むことでこれまで実現できなかった新たなサービスを自動車を通じて提供できる環境が構築されつつある。

では、自動車のコネクテッド化によって、保険はその機能をどのように変化させることができるであろうか。想定される変化の一つが、事故時に提供するサービス（損害サービス）の高度化である。コネクテッド化された自動車は、リアルタイムでの双方向通信が可能なため、例えば強い衝撃を検知した自動車が即座に保険会社への連絡を行うとともに、事故発生時の運転挙動や周辺状況に関するデータを保険会社へ送信するといった機能を実装することができるのではないか。これにより、保険会社は迅速かつ正確に事故状況を把握し、示談交渉をはじめとした各種事故対応を精度高く行うことが可能となる。このような損害サービスの高度化により、保険会社は事故時の安心の提供という保険本来の機能を、さらに高いレベルでお客さまにお届けすることが可能となるであろう。[1]

また、事故が発生しない平時においてもサービス提供できる領域が生まれる可能性がある。保険会社は自動車から提供される運行データをリアルタイムで入手・分析することで、例えばドライバーに対してタイムリーな

---

[1] このような機能は後付け機器でも実現が可能。東京海上日動火災保険㈱が2017年に業界で初めて発売した「ドライブエージェントパーソナル特約」は、契約者にドライブレコーダーを貸与することで、これらの機能を実現している。

東京海上日動火災保険株式会社
個人商品業務部　自動車グループ
池田　裕輔（いけだ　ゆうすけ）
2004年東京海上火災保険株式会社（現　東京海上日動火災保険株式会社）入社。12年から個人商品業務部 自動車グループで自動車保険の商品開発を担当。著書に『自動運転と法』（藤田友敬編、有斐閣）※共同執筆。

安全運転診断サービスを提供することが可能となるであろう。これにより、ドライバーの安全運転に対する意識の向上を促すとともに、従来は契約手続きと事故発生時に限られていた保険とお客さまとの接点を広げ、より保険の意義をお客さまに実感していただくことができるようになると考えられる。

なお、欧米を中心に自動車の運行データをもとに保険料を算定する自動車保険が市場化されている。しかし、わが国においてはノンフリート等級制度[2]により、運転性向の結果として生じる事故有無を評価軸とした適切なリスク評価が行われていることから、これに加えて運行データをもとにリスク評価する意義は低く、むしろ、運行データの取得にコストがかかるという点や評価方法の透明性を確保することが難しいといった点が懸念される。そのため、導入にあたってはこれらの点を十分に評価する必要があるであろう。

3　A：自動化

自動運転技術の進展は保険にどのような影響を及ぼすであろうか。両者の最も大きな相違点は、事故発生時の自動車のコントロール主体が現行の自動車はドライバーであるのに対し、自動運転中の自動車はシステムであるという点だ。ドライバーが事故の原因者である以上は、当該ドライバーが当然に法律上の損害賠償責任を負うが、それがシステムの場合、誰が責任を負うのかが問題となる。この問題に対し、国土交通省は「自動運転における損害賠償責任に関する研究会」で、自動車損害賠償保障法（以下、自賠法）における法的見解を取りまとめ、自動運転中の事故について、従来の運行供用者責任を維持することが妥当とした[3]。これにより、自賠法の適用対象である対人事故については、自動運転中か否かにかかわらず、運

2　等級に応じて保険料の割引・割増率を決定する仕組み。適用される等級は更新前の保険期間中の保険事故の有無および件数等に基づき決定され、これらの情報は損害保険会社間で共有されている。

3　従来の運行供用者責任を維持する理由として、自動運転においても自動車の所有者、自動車運送事業者等に運行支配および運行利益を認められ、運行供用に係る責任は変わらないこと、迅速な被害者救済のため、運行供用者に責任を負担させる現在の制度の有効性は高いこと等が挙げられている。

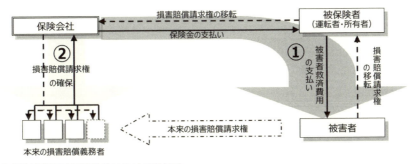

被害者救済費用等補償特約における関係図

行供用者が負う法律上の損害賠償責任を自動車保険で補償し、被害者を救済するという従来の構図が維持されることが明確となった。しかし、運行供用者が一次的な責任主体になる状況においても、自動車のシステムに欠陥があり自動車メーカーに製造物責任が課される場合等、他の責任主体が存在する場合は、保険会社が自動車メーカー等の責任主体に対して適切に求償できる仕組みが必要となる。この点について、上記研究会が取りまとめた報告書では、例えば自動車から事故解析に必要なデータを取得できるようにすることや、保険会社と自動車メーカーとの間の協力体制を構築すること等が必要とされており、今後、これらの体制整備が急務になると考えられる。

　なお、前述の通り、自賠法の適用対象は対人事故に限られているため、自動運転中の事故であっても運行供用者が責任を負うとする整理は、対物事故には適用されない。そのため、対物事故が生じた場合、被害者は自ら責任主体が誰かを究明しなければならないこととなり、これが被害者救済の後退につながると考えられる。この点について、東京海上日動火災保険㈱が2017年に開発した「被害者救済費用等補償特約」[4]は、自動車保険の被保険者に法律上の損害賠償責任が課されないケースにおいても被害者に生じた損害を補償することができる商品であり、これにより、責任主体が誰

---

[4] 東京海上日動火災保険㈱では、「被害者救済費用等補償特約」を2017年4月1日以降が始期の自動車保険に自動付帯している。なお、本特約は他の保険会社でも追随対応しており、多くの自動車保険契約で補償提供が可能となっている。

かという点を明確にせずとも、自動車保険で被害者救済が図られる環境が整いつつある。

4　S：シェアリング

近年、シェアリングエコノミーが世界的に進展しつつある中、わが国のクルマ社会においてもカーシェアを中心とした新たなビジネスが拡大しつつある。現在、展開されているカーシェアは主にBtoCモデルとCtoCモデルの二つに区分される。まず、BtoCモデルとは事業者が自動車を所有し、当該事業者に登録した会員がその車両を時間単位でレンタルするというものである。従来から存在するレンタカービジネスが店舗・有人対応型であるのに対し、カーシェアはWebサイト・システム対応型であるという点が主な相違点であるが[5]、両者は類似しており、保険の付保形態も事業者が一括して手配するという点で共通している。しかし、カーシェアは貸与・返却時に人が介在しないモデルのため、事業者が事故の事実をタイムリーに把握することが難しく、そのため、利用者の安全運転に対する意識が高まり難いという課題が存在する。そのため、カーシェアにおいては保険にテレマティクス技術を活用する等の対策により、この課題を解消することが求められると考える。

一方、CtoCモデルとは個人が所有する自動車を、所有者が使用していない間に他人に貸し出すというものだ。このモデルの場合、貸与される自動車には所有者が保険を付保していることが一般的だが、借主が事故を起こした場合に所有者の保険を利用すると更新後の保険料が高くなるといったデメリットや、そもそも借主が補償の対象にならないといったケースも生じる可能性がある。そのため、このモデルにおいては所有者が付保している保険とは別に、借主が自ら保険を手配する方式が採用されている。このような場合に多く利用されているのが、東京海上日動火災保険㈱が2012年に開発した「1日単位型自動車保険（ちょいのり保険）」である。借主

---

[5] その他、車両の貸与期間が相違点として挙げられるが、レンタカーで短期間貸与が始まりつつあり、カーシェアでも長期間貸与が可能になるなど、両者の垣根はくずれつつある。

は自動車のレンタル期間に合わせて本保険を手配することで、必要な補償を自ら手配することが可能となり、貸主・借主双方にとって安心なシェアリング環境をつくり出すことに貢献している。

5　E：EV

EVは、普及に向けての課題として、航続距離が短く、また、充電設備が不十分といった点が指摘されてきた。しかし、諸外国におけるEVの普及を後押しする法制度の検討、技術進展やインフラ整備による課題解消に向けた動きにより、将来的には一定の割合で普及する可能性がある。なお、動力源の違いはあるものの、EVの進展が事故の発生形態に影響を及ぼす可能性は低く、そのため、現時点においては、現行の自動車保険で補償が提供できるとする見解が一般的である。[6]

ここまでCASEのそれぞれが指し示すトレンドについて概観してきたが、コネクテッド技術が自動運転やシェアリングの進展において大きな役割を果たす等、これらは相互に作用し進展していくことが見込まれている。また、これらが大きく進展した状況においては、MaaS（Mobility as a Service）が想定するような新たなクルマ社会へと変革する可能性も想定される。これらの自動車を取り巻く環境の変化に対応すべく、今後も継続して保険の在り方を検討していく必要があるであろう。

---

[6] 自動車保険が提供するロードサービスでは、燃料切れ時のガソリン配達サービスが提供されている。しかし、EVは燃料を配達することが困難なため、各保険会社では、近隣の充電ステーションへの搬送等のサービスを提供するといった対応を行っている。

■東京海上日動火災保険株式会社

所　在　地　〒100-8050　東京都千代田区丸の内一丁目2番1号
代　表　者　代表取締役社長　北沢　利文
設　　　立　1879（明治12）年8月
資　本　金　1019億円（2018年3月現在）
従業員数　1万7483人（2018年3月現在）

第5章　関連企業の取り組み

トヨタ自動車株式会社

100年に1度のクルマ新時代へ

自動車業界は今、「100年に1度の変革期」を迎えている

　1937年の創業以来、業界をリードし、世界有数のブランドとして、いまや36万人以上の従業員を擁するトヨタ自動車は、この変革期にあって、さまざまな取り組みにチャレンジしている。豊田章男社長はこう語る。「高齢の方や障害のある方が、より社会に参画するためには、移動の自由が鍵を握ると思います。誰かが何かに挑戦したいと思っている時、もし、移動が障害になっているのであれば、トヨタは、その課題に正面から向き合いたい。移動が挑戦するための障害ではなく、夢をかなえるための可能性になってほしい。だからこそ、私たちトヨタは"Mobility for All"を目指します」。

　豊田社長の言う「Mobility for All」の実現に向けて、トヨタもCASE、すなわち「コネクティッド」「自動運転」「カーシェア」「電動化」の四つの柱を立て、取り組んでいる。

　これら四つに関する取り組みを具体的に見ていくことで、「100年に1度の変革期」の概況についても知ることができるだろう。

自動運転車の進化が、すべての人に移動の自由をもたらす

　トヨタは東京2020年オリンピック・パラリンピックのワールドワイドパ

ートナーとして、①すべての人に移動の自由を、②水素社会の実現を核としたサステナビリティ（環境・安全）、③トヨタ生産方式を活用した大会関係者輸送支援、の三つのテーマを掲げている。これに基づき、東京の臨海副都心地区、羽田地区の特定エリアにおいて、自動運転の実証実験やデモンストレーションを行う。

また、人口知能などの研究開発を進めるアメリカのToyota Research Institute, Inc.（TRI）は、2018年1月、次世代の自動運転実験車「Platform 3.0」をラスベガスの見本市に出展した。同車は多数のセンサーを搭載し、従来のTRIの実験車では前方のみの認識が可能だったものを、四つの高解像度LIDAR（レーザー光線で対象を立体的に捉える機器）により、外周360度の認識が可能な仕様とした。

TRIは、自動運転開発用の新たな施設をミシガン州に建設し、2018年10月には使用開始の予定だ。公道上では危険が伴うエッジケース（特異な状況下で発生する事例）の運転シナリオを安全な環境で再現し、テストする。TRIのライアン・ユースティス自動運転技術担当・上級副社長は、「人間が主体的に運転しつつ、事故を起こさないクルマづくりに、より一歩近づくことになります」と語る。

自動運転においては、人とクルマの新たな関係性も問われる。トヨタはすでに2017年11月、北米の大学や病院、研究機関などと共同研究を行う先進安全技術研究センター、Collaborative Safety Research Center（CSRC）の新たな研究プロジェクトを公表している。自動運転技術・運転支援技術などの先進的な車両技術を、ドライバーがどのように使い、感じるかに関する理解を深める研究である。CSRCのチャック・グーラッシュ所長は、こう語る。「高度な車両技術の開発のスピードは、人がそれらの技術の本来の性能

自動運転実験車「Platform 3.0」

第5章　関連企業の取り組み

を理解するスピードより速いかもしれない。新たに導入する安全システムを、ドライバーが実際に理解し使いこなせるのか、ということを明らかにすることが重要だ」。

　自動運転車の進化は速い。遠くない将来、すべての人に移動の自由をもたらすことになるだろう。

コネクティッドカーで、便利、安全、サービスをつなげる

　第2の柱である「コネクティッド」とは、常時インターネットと接続可能なこと。また、その性能を持つクルマを「コネクティッドカー」と呼ぶ。トヨタではこの取り組みも加速している。

　トヨタ、JapanTaxi、KDDI、アクセンチュアの4社は共同で、タクシー運行実績にスマートフォンの位置情報ビッグデータを利用して生成する人口動態予測やイベントなどの情報を掛け合わせて予測したタクシー需要を配信する「配車支援システム」を開発し、2018年2月に都内で試験導入した。これによるタクシー需要予測は、正解率94.1％という高い精度を実現した。

　さらに同年3月、トヨタの北米におけるコネクティッド分野の戦略事業体であるToyota Connected North America（TCNA）は、レンタカー業界のAvis Budget Group（ABG）とのパートナーシップを発表。ABGがトヨタ車1万台をアメリカで導入し、トヨタの車両管理システムやリースプログラムなど個別の機能を包括する「モビリティサービス・プラットフォーム（MSPF）」を活用、レンタカー車両の運用効率を上げる。顧客は、オドメーター（走行距離計）の表示値、燃料レベルなどの情報や、車両を探す際の手助けとなるリアルタイムのレンタカー情報を、Avisモバイルアプリを介して受け取ることができる。

　そして6月、トヨタは車両の制御ネットワークに接続する車載通信機（DCM）を全グレードに標準搭載したコネクティッドカーとして、新型クラウン、新型カローラスポーツの販売を開始した。これを手始めに、今後国内で発売されるほぼすべての乗用車にDCMを搭載していくという。こ

れらの車両には、トヨタが構築した情報インフラであるMSPFから、さまざまなコネクティッドサービスが提供される。たとえば、「eケア走行アドバイス」では、クルマに異常が発生した際、車両データから車両の状態を診断し、オペレーターが車載マイクとスピーカーを通じてアドバイスを行う。場合によっては担当販売店や近くの販売店に誘導する。また、エアバッグの展開と連動する緊急通報サービス「ヘルプネット」では、衝突時の車両データから乗員のダメージを瞬時に解析し、消防本部に送信。重症の確率が高いと判断される場合はドクターヘリが出動するなど、医師が現場に直行する救命サービスを全国規模に拡大した。

中国を皮切りに、電気自動車の導入を拡大

2017年11月、トヨタは中国においてトヨタブランドの電気自動車（EV）を2020年に導入するとともに、燃料電池自動車（FCV）のフィージビリティスタディ（新規事業や新製品・サービス、プロジェクトなどが実現可能であるかを事前に調査、検証すること）の対象をバスなどの商用車まで広げることを発表した。

続く12月、トヨタとパナソニックは、車載用角形電池事業について協業の可能性を検討することに合意した。地球温暖化、大気汚染、資源・エネルギー問題などの解決に貢献し、電動車への需要と期待の高まりに応えるために、電動車の中核となる車載電池のさらなる進化を目指す。同月、トヨタは2020～2030年代までの電動車普及に向けたチャレンジを公表した。2030年に、グローバル販売台数における電動車を550万台以上、EV、FCVは合わせて100万台以上を目指す。EVは2020年以降、中国を皮切りに導入を加速、グローバルで10車種以上に拡大し、日本、インド、アメリカ、欧州に順次導入していくというものだ。

また、2018年2月にトヨタは、電動車に搭載される高出力モーターなどに使用されるネオジム磁石において、レアアース（希土類元素）であるネオジムの使用量を削減した上で、高温環境でも使用可能な性能を確保する、世界初の新型磁石「省ネオジム耐熱磁石」を開発した。この新型磁石

は、自動車やロボットなどさまざまな分野でのモーター使用の拡大と貴重なレアアース資源の需給バランスを保つのに役立つことが期待される。

同年4月には、アメリカでシェルのエネルギー事業を行う「Equilon Enterprises LLC」と、トヨタの北米事業を統括する「Toyota Motor North America（TMNA）」が、二酸化炭素を排出しない燃料電池トラックの普及を目指し、商用トラック用の大型水素ステーションの建設に向けて協力を開始した。

同月、こうした協業や研究・開発の成果の一環として、トヨタは翌2019年に「カローラ」および「レビン」のプラグインハイブリッド車（PHV）を、また2020年に「C-HR／IZOA」ベースの電気自動車を、それぞれ中国市場に導入することを発表した。加えて、2020年までにこれらの車種を含む10の電動車を新たに中国市場に導入し、電動車のコア技術であるバッテリー、インバーター、駆動系ユニットなど中国における現地生産化を進めていく。開発面では、中国のトヨタ自動車研究開発センター有限会社（TMSC）内にて、電動車のための電池パックを評価する電池試験棟が2020年に稼働する。トヨタの専務役員である小林一弘中国本部長は、「世界で最も電動化が進むこの中国で、環境戦略を全方位で、着実に、自信を持って進めていきたい」と語る。

あらゆる国境を超えてカーシェアリングを推進

2018年8月にはUber社（ダラ・コスロシャヒCEO／写真左）に5億ドル出資を発表

第4の柱であるカーシェアリングへの取り組みとしては、まず2016年にトヨタとアメリカのUber Technologies. Inc.（Uber社）が、クルマの保有者自身がドライバーとなって利用者を乗せるライドシェア領域における協業の検討を開始した。海外でライド

シェアビジネスが拡大している国・地域における試験的取り組みである。

翌2017年、トヨタのタイにおける車両販売・生産会社であるトヨタ・モーター・タイランド（タイトヨタ）が、首都バンコクで100年の歴史をもつ国立大学チュラロンコン

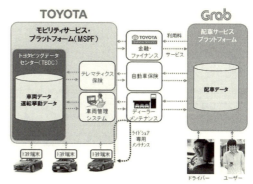

Grab 社との協業イメージ

大学と協業。同大学の敷地内に超小型EVシェアリングシステムHa・moを導入した。大学敷地と最寄り駅やバス停を結ぶ周辺12カ所にステーションを設置。33台分の駐車スペースを提供し、うち10カ所には充電設備も併設する。導入車はトヨタ車体株式会社製の超小型EV「コムス」で、学生や教員らが自由に乗り換え、乗り捨てできる。

さらに2018年4月には、トヨタと駐車所運営のパーク24株式会社が、都心の一部でカーシェアリングの業務提携を開始した。パーク24の車両にトヨタの通信型ドライブレコーダー「TransLog」などを搭載。車両の安全性向上やメンテナンスの効率化・無人化の推進につなげる。そして6月、トヨタは東南アジアの配車サービス大手 Grab Holdings Inc.（Grab 社）と、東南アジアでのモビリティサービス領域の協業深化に合意するとともに、Grab 社に10億ドル（約1100億円）を出資することを決定した。

ここまで見てきたように、"100年に1度の変革期"は、まさにトヨタのイニシアチブにより、国境を超えて進展中である。

■トヨタ自動車株式会社

所 在 地■〒471-8571　愛知県豊田市トヨタ町1番地
代 表 者■代表取締役社長　豊田　章男
設　　立■1937（昭和12）年8月28日
資 本 金■6354億円（2016年3月末現在）
従業員数■36万9124人（2018年3月末現在）

第5章 関連企業の取り組み

日産自動車株式会社

インテリジェント・モビリティでCASE時代を主導する

日産インテリジェント・モビリティ

　日産自動車（以下、日産）は、日産インテリジェント・モビリティという取り組みを通して、クルマの未来へと導く。改めて「日産インテリジェント・モビリティ」について見てみよう。同ビジョンは、以下の三つの領域から構成されている。

●日産インテリジェント・ドライビング

　ドライバーの運転をサポートし、他の車や歩行者も守る、つまりすべての顧客を守ることが出来る。より安全で意のままのドライビングが可能になることでドライバーにさらなる自信をもたらし、乗車しているすべての人に快適さを提供する。

●日産インテリジェント・パワー

　電気自動車やe-Powerなどにより、環境や効率への配慮と、運転の楽しさの両立を実現する。

●日産インテリジェント・インテグレーション

　Vehicle to Homeやインフラとつながることで、クルマがより便利になり、さらに広く社会とコネクトすることで、新しい可能性が広がる。

　換言すれば、この三つの領域は、日産の最先端技術を支えている考え方とも言えよう。高度な車両制御技術や信頼性の高い駆動システムなど自動

運転にもつながる安全技術、最新のエンジンとトランスミッションを組み合わせた高効率なパワートレイン、エネルギーマネージメントのソリューションなども含まれている。

日産インテリジェント・ドライビング

　日産インテリジェント・ドライビングとは、より安全で意のままのドライビングを可能にすることで、ドライバーにさらなる自信をもたらし、乗車しているすべての人に快適さを提供する考え方を指す。この考え方に基づき、自動運転技術の構成要素の一つである「インテリジェント アラウンド ビューモニター」、「車線逸脱防止支援システム」などは、既に多くの日産車に安全機能として採用されているほか、自動運転技術の搭載もすでに始まっている。

　日本で販売されているミニバン「セレナ」は、自動運転技術「プロパイロット」が搭載された初のモデルだ。ルノー・日産アライアンスは、欧州、日本、中国、米国で、2020年までに20モデル以上にこの技術を搭載していくとしている。

　自動運転技術の搭載については、競合他社に先駆けて展開されており、今後、高速道路での車線変更も自動的に行われていくという。複数レーンでの自動運転技術、交差点を含む一般道での自動運転技術など、走行シーンも拡大し、段階的に自動化レベルを高めた商品が投入される。モビリティサービスについては、20年代早期のサービス開始を目標に実証実験が既に進行している。

第 5 章　関連企業の取り組み

ProPILOT

「プロパイロット」とは、革新的かつ安心して使用できる高速道路の単一車線での自動運転技術を意味する。渋滞走行と、長時間の巡航走行の二つのシーンで、アクセル、ブレーキ、ステアリングのすべてを自動的に制御し、ドライバーの負担を軽減する。高度な画像処理技術によって、道路と交通状況を把握し、ステアリングを正確に制御して人間が運転している感覚に近い自然な走行を実現。ステアリングスイッチの操作で簡単にシステムを起動・設定することができるほか、専用ディスプレイでシステムの状態も分かりやすく表示できるようになった。「プロパイロット」は、グローバルで5車種、累計12万台が販売されており、消費者からも非常に好意的なフィードバックが寄せられている。

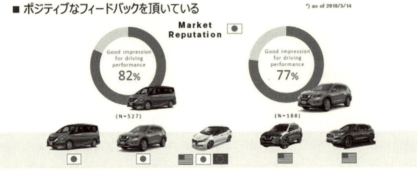

高速道路同一車線自動運転技術 "ProPILOT"

自動運転実験車両の公道走行

自動化レベルを段階的に上げていくために、自動運転実験車両による公道走行での実証も行われている。2017年に東京で実施した最新の自動運転実験車両には12個のカメラ、9個のミリ波レーダー、6個のレーザースキャナー、12個のソナー、HDマップが搭載されており、これらを組み合わ

せて使用することで車両の周囲360度の情報と自車の正確な位置を把握し、交通量の多い交差点など、複雑な道路環境でも自動運転で滑らかに走行することが可能になった。また、実環境に存在する複雑な交通シーンを解析する AI 技術が搭載されているため、例えば高速道路の料金所に近づくと、システムが走行可能な ETC ゲートを検出し、自動運転で通過することもできる。実際の交通環境の中で、乗員に安心感を与える、あたかも人間が運転しているかのようなスムーズな移動は、ハードウェアの進化と増加し続けるソフトウェアの改良により実現されたと言えよう。

日産インテリジェント・パワー

日産は電気自動車の分野で技術・販売の双方において業界をリードしてきた。2010年末に量産 EV として販売開始した「リーフ」は、2017年のモデルチェンジなどを経て、グローバルでの販売が40万台を超えた。だが、これまでバッテリーに起因する発火などの重大不具合が起きたことは一度もない。これは、まさに安全性を重視した日産の設計思想によるものだと言えよう。

電動車の展開

電動パワートレインとバッテリーは、インテリジェントパワーのコアとなる技術であり、「リーフ」のようなバッテリー EV やガソリンで発電した電気で走行する e-POWER、水素やバイオ燃料を用いて燃料電池で発電した電気を用いる燃料電池車などに適用される。各国や地域の事情により燃料インフラは異なるため、各市場で使いやすい燃料に合わせて電動車を提供できるよう開発を進めている。ユーザーには、電気駆動車ならではの高い静粛性や力強い加速が高く評価されている。

電動車技術の向上

さらに電気自動車を楽しんでもらうため、日産はより長い航続距離の実現に向け、バッテリーの性能の向上や車両の効率向上に取り組んでいる。

第5章　関連企業の取り組み

- インテリジェントパワーのコアは電動駆動技術
- 持続可能なモビリティとエネルギー多様性を考慮しながら、モータ駆動によるドライビングプレジャーを実現

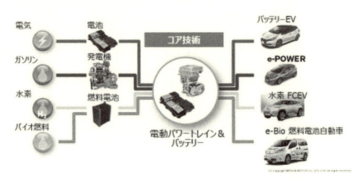

電動駆動をコア技術とした車両展開

また同時に、充電時間の短縮や非接触充電など、充電の利便性向上のための技術開発も行っている。さまざまな燃料から電気を生み出す燃料電池などの革新的な技術により、車両の電動化を進めるとともに、再生可能エネルギーの活用も推進していく。

日産インテリジェント・インテグレーション

日産は、クルマ、人、そして社会インフラをネットワーク化することで、社会に対して新しい価値を提供し、より環境に優しく、より安全な車社会の実現に貢献できると考えている。

車両プローブ情報を活用した災害時通行実績情報（通れた道マップ）

日産は、テレマティクスサービスの一環として、車両プローブ情報を収集し、生成した交通情報を、会員向けに配信するサービスも行っている。こうした中で、2011年3月11日の東日本大震災に際して、ITS Japan は、車両プローブ情報保有4社（本田技研工業、パイオニア、トヨタ自動車、日産自動車）の協力を得て、各社の車両プローブ情報を集約・加工し、災害時通行実績情報（通れた道マップ）を公開した。その結果、多くの救

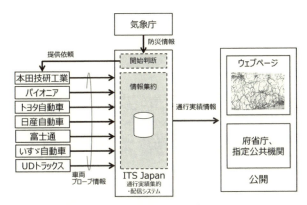

災害時通行実績情報　集約・配信スキーム概要

援・復旧活動の参考情報として有効に使われた。

　東日本大震災においては半ば手作業での集約・配信だったが、その後、ITS Japanの下、上記4社に加え、富士通、いすゞ自動車、ボルボ（UDトラックス）も参加。14年には、気象庁の防災情報と連動して自動的にシステムが稼働し、通行実績情報が配信される仕組みが構築された。これにより、広島豪雨災害（'14.8）、長野北部地震（'14.11）、熊本地震（'16.4）、北海道内浦湾地震（'16.6）、鳥取地震（'16.10）、茨城県北部地震（'16.12）、大阪府北部地震（'18.6）、平成30年7月豪雨（'18.7）、北海道地震（'18.9）など、災害時通行実績情報がこれまで合計9回配信されている。

■日産自動車株式会社（NISSAN MOTOR CO.,LTD.）

所 在 地▎〒220-8686　神奈川県横浜市西区高島一丁目1番1号
　　　　　URL：https://www.nissan-global.com/JP/
代 表 者▎社長兼最高経営責任者（CEO）　西川　廣人
設　　立▎1933（昭和8）年12月26日
資 本 金▎6058億1300万円
従業員数▎2万2209人（単独ベース）　13万7250人（連結ベース）
　　　　　（2017年4月1日現在）

マツダ株式会社

人間中心の車づくりを標榜し、内燃機関の極みを目指す

グローバルな視点で、地域ごとに有効なマルチソリューションを展開

　マツダは2017年10月、世界初の「ガソリンエンジンにおける圧縮着火燃焼」を実現させた次世代エンジン「スカイアクティブ-X（SKYACTIV-X）」を発表した。ガソリンエンジンだが、ディーゼルエンジンの長所も兼ね備えているのが特長で、燃費や応答性、環境性能が大幅に向上している。

　通常のガソリンエンジンでは、シリンダーの中でガソリンと空気を混合して燃焼させるが、ガソリンと空気が最も効率よく燃焼できる混合比率を「理論空燃比」と言い、その値は14.7とされている。しかし、マツダの次世代エンジンは、空燃比を30以上にする「超希薄燃焼」が行われる。それを実現する鍵が、「圧縮着火燃焼」である。これは、理論的には優れていると言われてきた

次世代エンジン「スカイアクティブ-X（SKYACTIV-X）」

マツダ株式会社

が、これまでこの技術の量産化に目途をつけた自動車メーカーは存在しなかった。

　マツダ執行役員の工藤秀俊氏は、この次世代エンジン誕生の背景を「内燃機関のエンジンは、まだまだ改善の余地があるというマツダの本質を追求する土壌の中から生まれました」と説明する。例えば、世界の大手自動車メーカーがディーゼル車の縮小・撤退を続々と打ち出す中、工藤氏は「ドイツの自動車メーカーは諦めていません。欧州のCO_2規制を達成するためには絶対に必要な技術なので、彼らはディーゼル車を絶対に復活させてくるはずです」と予測する。だからこそ、マツダは「彼らに負けない技術開発を徹底的にやり抜く覚悟です」（工藤氏）と言い切る。

　CASE時代を迎え、電動化の流れが加速するとの見方は根強い。だが、国際エネルギー機関（IEA）による2035年時点の動力源別自動車普及率は、電気自動車（EV）11％、燃料電池自動車（FCV）5％、残り84％は内燃機関を搭載した車と予測している。つまり、「将来の大勢を占める技術を磨く」（同）意味からも同社は、内燃機関を極めることに最重点を置こうとしている。

マツダ株式会社執行役員
（R&D管理・商品戦略担当）
工藤　秀俊（くどう　ひでとし）
1961年12月28日生まれ
1986年3月　マツダ㈱入社
2009年10月　エンジ性能開発部長
2011年10月　商品戦略本部長
2014年1月　広報本部長
2017年4月　執行役員 R&D管理・商品戦略担当、商品戦略本部長
2018年4月　執行役員 R&D管理・商品戦略担当

第5章　関連企業の取り組み

「Well-to-Wheel」（井戸から車輪まで）の概念をいち早く提唱

　マツダはユーザーに「走る歓び」を提供するため、理想の内燃機関の開発を進めているが、同時に、本質的な CO_2 削減に貢献する環境技術戦略に重きを置いている。「スカイアクティブ-X（SKYACTIV-X）」の開発に先立ち、マツダは、昨夏「サスティナブル"Zoom-Zoom"宣言2030」という長期ビジョンを発表し、2030年までの Well-to-Wheel での CO_2 排出量を対10年比で50％削減することを打ち出した。

　自動車メーカーにとって、CO_2 排出量が重要な指標になるのは間違いない。ユーザーが、車を選ぶ場合、内燃機関にせよ、EV、FCV にせよ、「どの車が真にエコなのか」という物差しを必要とするからだ。

　このため、同社が提唱するのが、「Well-to-Wheel」（井戸から車輪まで）という概念だ。この概念では、例えばガソリン車の場合、油田から油をくみ上げ、精製してガソリンを作りだし、クルマの車輪を動かすまでの過程で発生する CO_2 を合計して、ガソリン車1キロ走行あたりに排出される CO_2 を算出することになる。同様に EV の場合も、どのような電力を用いてバッテリーを充電し、車輪を動かしたか、そのすべての過程で発生する CO_2 を合計するし、FCV であれば、どのように水素を作ったかという精製過程から車輪を動かすまでのすべての過程で発生する CO_2 を合計するわけだ。

　工藤氏は「当社では、数年前から『Well-to-Wheel』を提唱し続けてきましたが、この概念は、先般の『自動車新時代戦略会議』の中でも支持されました」と自信を示す。

Well-to-Wheel 視点での CO_2 削減

実際、この概念を用いてみると、現時点でのEVは、ハイブリッドと比べて、驚くほどCO_2排出量が低いわけではないことが分かる。石油や石炭を掘り、電気をつくるところから考えると、発電するための1次エネルギーによって大きく異なるEVのCO_2排出量は必ずしも低くはない。

グローバルな視点で、地域ごとのマルチソリューションを進める

だが、マツダの本意は、内燃機関とEVの対立軸を浮き彫りにすることではない。「グローバルでは、唯一のあるいは常に正解というものはないため、地域ごとのエネルギー事情に適したマルチソリューションが必要」(工藤氏) というのが同社の考えだ。

真の意味でのCO_2排出量削減には、車の走行中という枠組みだけではなく、発電所レベルで捉える必要があり、「電気をクリーンなエネルギーでつくっている地域から、EVを投入していく」(同) としている。従って、同社は、内燃機関にこだわりつつも、EVと複合させる形で、地域戦略を進めていく方針と言える。

将来の化石燃料の枯渇に備え、微細藻類由来の次世代液体燃料の研究・活用促進にも乗り出している。

微細藻類は、大気中のCO_2を吸収して、体内にカーボンを使ってオイルを創ることが分かっているが、蓄積されたオイルを精製して、新しい燃料を創るコンセプトだ。工藤氏は「液体燃料を燃やせば、当然、CO_2は出ます。ただ、このCO_2はもともと大気中にあったCO_2をこの藻が吸収しているわけですから、プラスマイナスゼロと言えるのではないでしょうか」と説明する。この開発には、ベンチャー企業の株式会社ユーグレナと組んで行うが、産官学で構成する「ひろしま自動車産学官連携推進会議 (ひろ自連)」が母体になって推進する体制を整えている。

自動車産業を中心とした産官学の連携組織「ひろ自連」を全面サポート

「ひろ自連」は、広島を自動車の聖地にすることを目指した産学官の連

携組織（マツダ、広島県、広島市、経済産業省中国経済産業局、広島大学、産総研で組織）で、2015年6月に設立された。イノベーション人財育成委員会、地域企業活性化委員会、内燃機関専門部会、MBD専門部会、感性専門部会、エネルギー専門部会など九つの委員会・部会を組織し、イノベーションを起こせる人材づくりを見据える。当面、20年までの目標として、県内外に価値ある提案ができる世界レベルの地域企業群の実現を掲げている。30年の産学官連携ビジョンとして、①広島ならではの産学官モデルが日本における「地方創生」のリードモデルになり、世界のベンチマークになる②産業・行政・教育が一体になり、イノベーションを起こす人財をあらゆる世代で育成することにより、ものづくりを通じて地域が幸せになる──などを挙げている。

工藤氏自ら、エネルギー部会長として、次世代液体燃料の開発を担当。工藤氏は「特にサプライヤーの皆さんとは、『ひろ自連』を通じて一緒にやり方を共有し、ぜひモデルベースでもつながっていきたいですね」と大きな期待を寄せる。「100年に1度の大変革期と呼ばれるこの時期こそ、できるだけサプライヤーの皆さんとオープンに話し合い、一緒に乗り切っていく」（工藤氏）考えを明らかにしている。

全国的にも、「ひろ自連」のような自動車産業を中心にした産官学の連携組織は非常に珍しい。「広島には、当社が創業以来、ずっと支えていただいたご恩があります。今こそ、当社が恩返しすべき時」（同）と全面的にサポートしていく。工藤氏は「最初は、小さな成功体験の共有でよいと思います。小さな成功体験を積み重ねてつなげていくことで、より大きな解決策になる可能性がある」と将来を見据える。

別な言い方をすると、マツダが地域に対する貢献を行う場合、地域がどういうまちづくりをしたいのかというあるべき姿に対し、車がどう貢献できるかというソリューションを導き出そうとしているとも言えよう。例えば、今後広島県内の自治体とともに実施を検討しているライドシェア（相乗り）サービスの実証実験もその好例だろう。詳しくはマツダからの正式発表を待ちたいが、地域住民が相乗りで病院や買い物などに行く仕組みを

作って検証していく予定だそうだ。地方の中山間地域では公共交通がほとんどないため、車がないと生活できない現実に対し、今後の高齢者の移動を支援する新たなサービスとして期待される。

人間中心の車づくりが、高齢者の移動に貢献することを目指して

前述の通り、地方自治体を中心に、高齢者の移動というテーマが各地で議論されているが、工藤氏は「車を運転することを通じて、いつまでも元気にいられる可能性もあるのではないでしょうか」と問題提起する。と言うのも、車の運転とは、人間の「認知して、即座に判断して、すぐに操作するという高度な動作の連続」だからだ。

実際、宮崎県では、大学とも連携し、高齢者に車を運転してもらうことで、認知症を改善する研究なども行われている。もちろん、こうした研究は、自動運転技術を否定しているわけではない。要素技術として自動運転を持たなければならないとしているが、あくまで運転中意識をなくすなどの緊急事態への備えとして位置付けている。

マツダは、理想の車を考える時、「運転する人間を知るというアプローチから始めます」（工藤氏）と言う。このため車の開発に当たり「当社のエンジニアは、脳外科や整骨院の先生かのように、人の脳や筋肉、関節、骨などがどう反応するかという観点もチェックしています。人間中心の車づくりが、高齢者の移動に貢献する――。そんなことも考えながら、開発していきたいと考えています」（同）と熱く語ってくれた。

■マツダ株式会社

所在地（本社）■〒730-8670　広島県安芸郡府中町新地3番1号
　　　　　　　 TEL：082-282-1111　URL：http://www.mazda.com/ja/
代表者■代表取締役社長兼CEO　丸本　明
創　業■1920（大正9）年1月30日
資本金■2589億5709万6762円
従業員数■単体　2万2121人　連結　合計：4万8849人（2017年3月31日現在）

第5章 関連企業の取り組み

ヤマハ発動機株式会社

スローモビリティが地域課題を解決する

　ヤマハ発動機株式会社は、1955年、日本楽器製造株式会社（現在のヤマハ株式会社）から独立して以来、二輪車製造の世界的メーカーとして世界の人々の豊かな暮らしづくりに貢献してきた。

　年間500万台以上の出荷台数を誇る二輪車以外に、小型船舶用エンジン、ボートやヨットなどの船舶、スノーモービルに電動車いす、電動アシスト自転車、プールや発電機、浄水器、産業用ロボットまで生産。その技術で社会の多方面に貢献している。今回取り上げるゴルフカーベースの「小型電動カート」もその一つだ。

　広大なゴルフコースをラウンドするための足として使われ始めたゴルフカー。親睦や接待を兼ねて数人で回ることの多い日本人プレーヤーにとっては、キャディーの運転で移動中もわいわいと会話ができる点も大いに受けた。ヤマハ発動機では、1975年にゴルフカーの生産を開始し、国内では約80％のシェアを獲得。また、静音・クリーンな点が評価され、空港やホテル、ショッピングモールや遊園地、農業の現場などさまざまな用途で利用されている。

　特筆すべきは、同社が1996年にすでに小型乗用カートの「電磁誘導式の自動走行」をゴルフ場で始めていることだ。地中に埋設されている誘導線をカートのセンサーで感知し、設定されたルートを自動で走行する「電磁誘導式」と呼ばれるシステムを採用し、現在ではリモートコントローラで

80メートル離れたところからでも発進・停止の操作が可能に。また、衝突防止センサーで車間距離が詰まった時には自動的に停止するなど、実に20年余の歴史と実績を積んでいる。電磁誘導式は雪や雨など天候の影響も少ないそうだ。

同社では、2013年、千葉県柏市柏の葉の大規模集合住宅の敷地内で人々の移動を助ける"水平エレベーター"をコンセプトに小型電動カートでの自動走行実証実験を行った。2014年には東日本大震災で被災した岩手県大槌町で、仮設住宅から役場など各種施設をつなぎ、高齢者が容易に利用できる移動手段としての可能性を検証する実験を行っている。

「当社では、小型電動カートを利用して地域が抱える社会課題の解決に貢献したいと、さまざまな実証実験を行ってきました」とヤマハ発動機の藤田宏昭氏は話す。「とはいえ、ここまではクローズドエリア内で、自動車やバイクなど他のモビリティと分離した環境で行われた実験。それが変わる転機になったのが石川県輪島市での実証実験です」。

日本初、小型電動カートが公道へ──自動運転も実現

2014年、ヤマハ発動機は輪島市をフィールドに小型電動カートでの自動運転実証実験を本格化。このプロジェクトで画期的だったのは、これまでクローズドエリア内を走っていた小型電動カートが、日本で初めてナンバ

ヤマハ発動機株式会社
上席執行役員　先進技術本部長（兼）
ソリューション事業本部長
藤田　宏昭（ふじた　ひろあき）
1960年生まれ、静岡県出身。名古屋大学卒。82年ヤマハ発動機株式会社入社。2010年1月IM事業部長、11年3月執行役員就任、13年1月事業開発本部副本部長（兼IM事業部長）、15年1月Yamaha Motor India社長、15年3月上席執行役員就任、18年1月より現職。

ヤマハ発動機は、国土交通省、経済産業省の自動運転サービス実証実験プロジェクトへ実験車輌提供者として参画している。

ープレートを取得し、他のモビリティに交じって公道を走った点だ。

輪島市は、輪島塗として有名な漆工芸品や、活気あふれる朝市など多くの観光資源がある。地元商工会議所は、観光客をよりスムーズに市内各所の観光スポットへ導き、地元商業を活性化させたい考えだった。また、市内の公共交通の利便性が低下し、高齢者や子育て世代により利便性の高い交通システムの提供も求められていた。

「本来、公道を走行できない小型電動カートですが、地元行政や警察にご理解いただきながら、ウィンカーやバックミラーなど保安装置を取り付けてナンバープレートを取得し、時速20キロ未満で公道を走れるようになりました」と藤田氏。こうして運行された「輪島エコカート（WA-MO）」は、全長3メートルの4人乗り、200ボルトの家庭用電源で充電でき、市内3本の観光コースを走行。2016年からは、コースの一部で電磁誘導式の自動運転（有人）が始まった。さらに2017年からは産業技術総合研究所が推進（経済産業省・国土交通省事業の一環）する「ラストマイル自動走行の実証評価」で、輪島市内約1キロの公道において、一般車両や歩行者などと一緒に遠隔監視・操作システムを搭載した小型電動カートを自動運転させている。無人自動運転の実現も手の届くところまで来たと言える。

ヤマハ発動機は、2016年度より順次、国土交通省と経済産業省が実施した実証実験のうち全国8カ所（秋田県北秋田郡／道の駅かみこあに、茨城県常陸太田市／道の駅ひたちおおた、石川県輪島市、福井県永平寺町、岡山県新見市／道の駅鯉が窪、福岡県みやま市／みやま市役所、熊本県葦北

郡／道の駅芦北でこぽん、沖縄県北谷町）で小型電動カートを用いて協力した。輪島市や北谷町といった市街地／観光地型の実証の他、中山間地域における道の駅等を拠点とする自動運転サービスに関連するプロジェクトを通じて、小型電動カート（自動運転を含む）の将来的な事業化の取り組みをサポートしている。

スローモビリティは地域課題への有効な解決策に

「輸送機器を扱う企業として、交通事故を減らして安全な社会を作るのは当社の責務だと思っています」と話す藤田氏。ヤマハ発動機では二輪車の他にも小型電動カートや電動アシスト自転車、電動車いすなども生産しているが、このようなスローモビリティが、近い将来にさまざまな地域の移動問題や課題を解決する一助になるのではないかと展望する。

低速ならば事故が起こりにくいし、もし何かあっても被害が重篤になりにくい。また、輪島市ですでに実現しているように、電磁誘導式の自動運転はすぐにでも実装可能な技術水準になっている。高齢化、人口減少が顕在化している中山間地域、地方都市において生活の足を守る新たな公共交通網の整備は、各自治体にとってまさに焦眉の課題であることを考えれば、コスト的にも安価で導入できる小型電動カートを軸にした対策は極めて現実的な対応策と言える。

「今当社で行っている自動運転は、あくまであらかじめ決められた走路を走る路線バスのような運用です。当社としてもこれがいつまでも最善だとは考えていませんし、より高度なセンシング技術や路面パターンを画像分析して自動で走る技術など開発に余念はありません。ただし、自動運転が実現した場合でも、低速である小型電動カートの特性上、どこまでも縦横無尽に走っていくものにはなり得ず、限定地域で人々の移動を助けるものになるでしょう。裏を返せば、その地区だけの道路情報があれば、完全自動走行も可能なわけです。ローカルが故にインフラも軽くできる点は、将来的にも低速である小型電動カートの利点です」と藤田氏は言う。

「高速でも低速でも無人でも有人でも、大事なのは社会がそれを受容し

てくれるかどうかだと思います。輪島市での実証実験は、これからの公共交通を展望する上で重要な試みであり、ひいてはモビリティメーカーであるヤマハ発動機が街づくりに貢献するモデルになると思います」と藤田氏。例えば時速60キロで走る自動車と同じ道路に時速20キロ未満のカートを走らせる場合、当然渋滞を懸念する声はある。しかし、低速のカートとの混合交通ではむしろ他の交通者を思いやって事故が減るのではないか——スローモビリティが他のモビリティと交わって通行することを、行政や地域住民にどう受容してもらうかが大切なのではないか。そう藤田氏は考えている。

「米国では既にロースピードの社会が実現している街があります。フロリダ州にあるリタイアメント・コミュニティでは、ゴルフ場が併設されており、他のクルマに交じってナンバープレートをつけたゴルフカーが走る姿が日常になっています」と藤田氏が教えてくれた。また、米国では自動車で通学する高校生が多く、若者の交通事故も多い。その保険料も大きな負担になるので、親たちは子どもたちに低速のゴルフカーを与える例も増えているそうだ。

課題解決を超え、地域創生を目指して

このようなスローモビリティの受け入れ方は日本に大きな示唆を与える。「高齢によって運転能力が低下すると、免許を返上しなければいけないケースが出てきます。しかし車に乗れないと日常生活が送れない地域もあるのが現実。もし、そういう方々でもスローモビリティなら運転可能ということになれば地域交通の整備には別の方向性も考えられます」と藤田氏。国土交通省は「グリーンスローモビリティ（＝電動、低速で公道を走るモビリティ）」の推進事業も行っているが、ヤマハ発動機では、現在実証が進んでいる路線バス的な公共サービス運用から、将来的にはスローモビリティが個人利用に進むことも期待している。

「地域によって異なるさまざまな課題に対し、スローモビリティは柔軟で最適なソリューションを提供できる可能性があります。そのためには、

既存のクルマと共存可能なルール作りが必要です。例えば車道の左端をスローモビリティ優先にするなど地域の事情に合わせた対応ができればスローモビリティはもっと導入しやすくなると思います」。

今年の10月15日には、一般社団法人INSPIREとNPO法人ETIC.によって、日本各地の自治体と民間企業／事業者が、スローモビリティを中心とした街づくりをテーマとして地域創生を考える『まちづくりノリモノ☆ラボ（https://www.machinori-lab.com）』を立ち上げた。ヤマハ発動機もこれをサポートしている。このラボでは現在の課題解決もさることながら、地域に人を呼ぶ、移住したくなる、といった前向きな視点で、アイディア創出活動（アイディアソン）や事業計画策定のサポートを継続的に取り組んでいく構想だという。

「スローモビリティの活用は、地域創生に直結すると当社は考えています。過疎、高齢化、人手不足……さまざまな課題に対し、スローモビリティがその解決策の一つに組み込まれ、小型電動カートも電動アシスト自転車も電動車いすももっと安全に道に出られるようになってほしいと願っています。そして、そんな街づくりを磨いていけば、将来同じような課題を抱える海外の国にとっても憧れられる、日本の強みになると思います。ぜひ私たちの技術や提案を受け入れていただけるように、各地で行政、地域住民の皆さんと相互理解を深めていきたいと思います」。

■ヤマハ発動機株式会社

所　在　地　〒438-8501　静岡県磐田市新貝2500
代　表　者　代表取締役社長　日髙　祥博
創　　　立　1955（昭和30）年7月1日
資　本　金　857億9700万円（2018年6月末現在）
従業員数　連結会社／計5万3579人（2017年12月末現在）
　　　　　　単体／1万564人（2017年12月末現在）

※記事についてのお問合せ先：
　ヤマハ発動機株式会社　先進技術本部 NV事業統括部 NV企画部
　　担当：武田・髙　電話番号：0538-32-9948

[監修]

鎌田　実（かまた・みのる）

1959年3月22日生まれ、神奈川県川崎市出身。
東京大学工学部機械工学科卒業。同大学院工学系研究科舶用機械工学博士課程修了（工学博士）。
1987年財団法人日本海事協会技術研究所研究員、1990年東京大学工学部舶用機械工学科講師、1995年同工学部附属総合試験所助教授、1998年同大学院工学系研究科産業機械工学専攻助教授、2002年同大学院工学系研究科産業機械工学専攻教授、2009年同高齢社会総合研究機構機構長・教授、2013年4月より東京大学大学院新領域創成科学研究科人間環境学専攻（兼　高齢社会総合研究機構　兼　工学部機械工学科）教授。
国交省交通政策審議会委員、同自動車局車両安全対策検討会座長、経産省・国交省 自動走行ビジネス検討会座長、AMEDロボット介護機器開発プロジェクト プログラムオフィサー、厚労省老健局参与など。

CASE 時代
新たなモビリティの道を探る

2018年10月29日　第1刷発行

監修————鎌田　実

発行者————米盛康正
発行所————株式会社　時評社
　　　　　〒100-0013　東京都千代田区霞が関3-4-2　商工会館・弁理士会館ビル
　　　　　電話：03(3580)6633　FAX：03(3580)6634
　　　　　https://www.jihyo.co.jp

編集協力————株式会社　ぷれす
印刷————株式会社　太平印刷社

©2018　時評社
ISBN978-4-88339-253-7
落丁・乱丁本はお手数ですが小社宛にお送りください。小社負担にてお取り換えいたします。ただし、古書店で購入されたものについてはお取り換えできません。
無断転載・複製を禁ず
Printed in Japan